本书由：数字化转型背景下陕西省高职院校教师教与学[遮挡]
实践，陕西省教育厅 2023 年度陕西高等职业教育教学改革研究重点攻关项目
（项目编号 23GG016），资助出版。

数字化转型背景下高职院校教师职业素养研究

王校伟　李　燕　著

吉林大学出版社

长春

图书在版编目（CIP）数据

数字化转型背景下高职院校教师职业素养研究 / 王
校伟，李燕著． -- 长春：吉林大学出版社，2024．10．
ISBN 978-7-5768-4046-9

Ⅰ．G718.5

中国国家版本馆CIP数据核字第20245MM005号

数字化转型背景下高职院校教师职业素养研究

SHUZIHUA ZHUANXING BEIJING XIA GAOZHI YUANXIAO JIAOSHI ZHIYE
SUYANG YANJIU

作　　者　王校伟　李燕

策划编辑　李承章

责任编辑　白　羽

责任校对　陶　冉

装帧设计　牧野春晖

出版发行　吉林大学出版社

社　　址　长春市人民大街 4059 号邮

政编码　130021

发行电话　0431-89580036/58

网　　址　http://www.jlup.com.cn

电子邮箱　jldxcbs@sina.com

印　　刷　三河市悦鑫印务有限公司

开　　本　787mm×1092mm　1/16

印　　张　11

字　　数　200 千字

版　　次　2025 年 1 月　第 1 版

印　　次　2025 年 1 月　第 1 次

书　　号　ISBN 978-7-5768-4046-9

定　　价　79.00 元

前言 PREFACE

　　随着数字技术的不断进步，我们已迈入了一个全新的数字化时代。这个时代不仅改变了我们的生活方式，也极大地影响了教育领域，尤其是高职教育。本书将带领读者深入了解数字化时代高职教育的新面貌，探讨其与传统教育的差异，分析数字化转型对高职教育生态的重塑，以及教师在这一过程中所面临的新要求和挑战。

　　第一章至第七章，我们将逐步展开讨论，从数字时代的教育与传统教育的对比入手，深入探讨高职院校在数字化转型中的思考与实践。我们不仅关注数字化教学的内涵、发展和理论基础，更重视教师在这一转型过程中职业素养的提升。

　　在数字时代，教师的角色不再局限于知识的传授者，他们需要成为学习引导者、技术应用者和创新实践者。因此，教师的课件设计、信息化素材处理能力，以及信息资源的获取与利用能力，都成为衡量教师职业素养的重要标准。

　　本书进一步分析了数字时代教师职业素养的构成，包括教学素养、信息素养、学习素养以及个人特质，这些都是教师在数字化时代不可或缺的素质。同时，我们也探讨了高职院校教师数字化职业素养的养成过程和环境，以及提升这一素养的基本方向。

　　最后，我们提出了高职院校教师数字化学习能力发展的具体路径，包括数字化教学能力的培训、实践和竞赛，旨在为教师提供一条清晰的职业发展道路。

　　本书在编写过程中参考了众多书籍和资料，在此表示诚挚的感谢。由于作者时间和精力有限，本书内容可能存在疏漏之处，恳请广大读者予以批评指正！

作　者
2024 年 7 月

目录 CONTENTS

数字化时代的高职教育

第一节 数字时代的教育与传统教育的对比

一、传统教育面临的挑战

（一）传统教育模式的局限性

在教学中传统的高职教育模式倾向于教师主导，而学生往往处于较为被动的地位。在这种模式下，教师通常是课堂的主角，负责传递知识，而学生则更多是被动地接收、记录知识。这种教学方式往往限制了学生主动思考、积极参与和深入探索的能力。学生往往只是为了完成课堂任务而听讲，对于知识的理解和掌握停留在表面，难以形成深入的理解和持久的兴趣。

此外，由于一个教师通常要承担数十名学生的教学工作，很难有足够的时间和精力去深入了解每一位学生的学习需求和个性化特点。因此，传统教育在很大程度上忽视了学生的个体差异，难以满足他们多样化的学习需求。

传统教育模式的局限性在于它未能有效激发学生的主观能动性、积极性和创造性，限制了学生的学习思维和个性化发展。

（二）传统教育在激发学生兴趣方面的不足

在传统的高职教育模式下，学生往往扮演一个相对被动的角色，他们的学习过程大多围绕教师的讲授展开，缺乏表达个人观点和兴趣的机会。这种单向的知识传递方式很难有效培养学生的兴趣，导致学习变得枯燥无味。

相比之下，美国的教育模式更注重学生的主体性和参与性。在美国的课堂中，学生的主观能动性被充分激发，他们的课堂参与度被高度关注，师生间的互动交流成为教学的核心。学习成绩不再是评价学生的唯一标准，学生的社会实践能力和课堂表现同样受到重视。这种教学模式能够极大地激发学生的学习热情，培养他们的实践能力和创新精神。

我国的高职教育应当借鉴美国的成功经验，不仅关注学生的学业成绩，更要重视学生的兴趣和课堂参与度。学校应鼓励学生参与各种社会实践活动，通过实践来增强学习的趣味性和实用性。同时，教师也应积极调整教学策略，创造一个更加开放、互动性更强的学习环境，让学生能够在其中自由表达、积极探索，从而培养他们的学习兴趣和综合能力。

（三）传统教育与社会需求脱节

在理想的教育体系中，学生应将所学知识应用到实际生活中，但传统教育在这方面显得力不从心。它往往与企业和社会实际需求脱节，缺乏对企业运营和职场环境的深入了解，也缺乏与企业建立有效合作关系的意识。这种脱节导致许多高职院校的学生在毕业后感到迷茫，觉得所学内容与实际应用之间存在巨大鸿沟。

（四）互联网教育对高职教育的深刻影响

随着互联网技术的飞速发展，传统教育正面临着前所未有的挑战。新型的教育模式不断涌现，教育改革的速度日益加快。更值得关注的是，一些互联网教育平台已经能够提供与传统教育相当甚至更优的教育资源，并为学生颁发相应的学历证书。这无疑给传统高职教育带来了巨大冲击。

面对这一局面，高职院校面临着两个选择：要么积极接纳互联网教育，利用其优势对传统教育模式进行改革和创新；要么固守成规，逐渐失去市场竞争力。然而，随着社会经济和科技的不断发展，高职教育无疑将面临更多挑战。因此，正视互联网带来的机遇，利用互联网进行教学模式的改革，是高职院校顺应时代潮流、实现持续发展的必由之路。

二、深度解析"互联网＋教育"模式

"互联网＋教育"并非简单地等同于在线教育，这种理解过于狭隘，未能全面把握其深刻内涵。实际上,"互联网+教育"是一个更为广泛和深远的概念,它不仅仅局限于在线教学的形式,而是涵盖了教育的各个层面和维度。

"互联网+教育"的核心理念在于,它并非要完全颠覆传统教育,而是在尊重和理解传统教育本质的基础上,运用互联网技术和互联网思维对教育的各个环节进行创新和优化。这意味着,我们需要重新审视和评估传统教育中的每一个环节,找出其中不适应现代社会发展需要的部分,然后利用互联网技术和互联网思维进行改造和升级。

具体来说,"互联网+教育"主要包括以下几个方面的内容。

(一)互联网+教育管理的新变革

教育管理是教育体系中至关重要的环节,它涉及对教育资源的合理分配、教育活动的有效组织及教育目标的高效实现。随着互联网技术的快速发展,教育管理也逐渐迈向信息化,即教育管理信息化。这不仅仅是在形式上简化了管理流程,更重要的是借助信息技术手段,推动教育管理模式的创新和升级。

互联网+教育管理,其核心在于将互联网技术深度融入教育管理的各个环节,实现教育管理的全面信息化。这不仅包括在网上发布信息、学生档案的电子化归类、无纸化办公等基础层面的应用,更重要的是在管理体系的深层次重构。这种重构涉及管理机构的优化、管理层级的扁平化、管理制度的更新及管理流程的创新等多个方面。

具体而言,互联网+教育管理要求从底层技术平台到人事制度都必须用互联网时代的思维和行为模式来重塑。这意味着我们需要以用户为中心,强调数据的价值,追求高效、便捷和个性化的管理体验。同时,我们还需要注重跨界融合和创新驱动,打破传统的教育管理模式,探索新的管理方法和手段。

总之,互联网+教育管理是教育管理领域的一次深刻变革,它将推动教育管理向更加高效、便捷和个性化的方向发展。

(二)互联网+教师的新角色

在互联网技术日益成熟的今天,教师如何适应并融入互联网+教育的潮流,成为教育领域的重要议题。

首先,教师需积极拥抱互联网,培养互联网思维,提升自己在信息技术应用、网络平台信息收集与课件设计等方面的能力。这不仅有助于教师个人能力的提升，也是适应新时代教育发展的必然要求。

其次，教师需要调整教学模式，从传统的线下教学向线上线下相结合的教学模式转变，实现教学模式的多元化。同时，通过与同行交流、协作，共同完成大型教学课题，促进教育资源的共享和互补，这种"教学众筹"模式有望成为未来教育发展的新常态。

最后，互联网为教师提供了更广阔的学习和交流平台。教师可以通过网络共享自己的教学资源和经验，也可以从互联网上获取最新的教育理念和方法，从而不断提升自己的教学能力。

（三）互联网＋课程的创新

互联网与课程的深度融合，为课程带来了前所未有的变革。

首先，互联网课程打破了传统课程的局限，使教学模式更加多样化，课程内容更加丰富。通过智能性、可视性和交互性的设计，互联网课程能够更好地满足学生的个性化需求。

其次，互联网课程以学生为中心，更加人性化。相比传统课程单一的知识点讲解，互联网课程通过视频、图片等多种形式，使课程内容更加立体、生动，有助于学生更全面、细致地掌握知识。

互联网＋课程的创新不仅丰富了课程内容和形式，也为学生提供了更加优质、高效的学习体验。

（四）互联网＋教学的无界拓展

随着互联网技术的迅猛发展，教学领域正经历着前所未有的变革。这一变革打破了传统的时间和空间限制，使得教学不再依赖于实体教室和固定课堂。如今，教学可以完全在网络空间中进行，让学生能够随时随地访问丰富多样的互联网资源，进行深入的探究性学习。这种教学模式不仅极大地提高了学习的灵活性和便利性，也满足了学生个性化学习的需求。

（五）互联网＋学习的全新体验

互联网为学生带来了全新的学习体验，使得学习变得不受地域和时间限制和个性化。通过移动设备，学生可以轻松地将学习内容存储并随身携带，随时随地进行学习。互联网不仅是学习的核心技术支持，还为学生提供了海量的学习资源，这些资源成为学生学习的重要基础。此外，互联网上的各种反馈工具能够实时监控学生的学习过程，评估学习效果，帮助学生及时调整学习策略。通过对网络大数据的分析和沉淀，学生可以更加精准地优化自己的学习过程。在线学习使学生能够按照自己的意愿和兴趣进行学习，这种主动性的学习方式往往能够带来更好的学习效果。

三、优化利用互联网＋教育的教学模式

（一）互联网＋教育：构建数字化桥梁

互联网＋教育的模式为学生、学校和企业之间构建了一座数字化的沟通桥梁。学校借助这一桥梁，可以实时洞察企业的实际需求，从而有针对性地调整教学计划和课程设置，强化学生的实践能力和社会适应能力。同时，学校还能积极收集各类资源，与优质企业建立合作关系，确保高职学生毕业后能更好地融入企业，满足其人才需求。对于学生而言，互联网为他们提供了丰富的企业信息和人才要求，使他们能够在学习过程中不断完善自我，提升职业竞争力。企业则能借此桥梁，更精准地参与人才培养，确保毕业生与岗位需求的无缝对接。

（二）互联网＋作业：助力学生成长

互联网＋作业的模式充分发挥了互联网的资源整合优势，成为企业发布实践任务的重要平台。学生通过完成这些任务，不仅能够巩固所学知识，还能对企业的用人需求有一个初步的认识。更重要的是，通过实践作业的完成，学生可以自我检测，发现自己的不足，进而在学习过程中不断自我提升，以满足企业不断变化的用人需求。这种以实践为导向的学习方式，有助于培养学生的实践能力、创新能力和解决问题的能力，为他们未来的职业发展奠定坚实的基础。

（三）互联网＋学校：资源融合新篇章

在当前阶段，众多高职院校正积极利用互联网的力量，整合和优化各类教育资源。学生不再受传统学习的时间和空间限制，而是可以通过互联网随时

随地选择自己感兴趣和需要的课程。学校也致力于将网络上优质的教育资源共享给学生，使学生有机会接触到名师名校的精品课程。此外，一些高职院校还加强了网络课程的建设，为那些通过网络学习的学生提供了获得学位证书的机会，这些证书同样得到社会的广泛认可。

（四）互联网＋教师：教学质量再提升

教师能够利用互联网平台进行授课，引导学生主动学习。学生则可以根据自己的兴趣和需求，选择心仪的教师和课程进行学习，并在课程结束后对教师的表现进行评价。这种在线学习模式使学生能够获得相应的学分，帮助他们顺利完成学业。同时，互联网还促进了师生之间的即时互动和交流，使得教育资源得到更有效的配置，从而确保了教学质量的持续提升。

四、互联网＋教育的显著优势

（一）教学时空的无限延伸

传统的学校教育模式通常受限于固定的校园和课堂，学生需要在规定的时间和地点接受教育。然而，互联网教育的出现彻底打破了这一限制。通过互联网，教育不再受时空的束缚，无论是城市还是乡村，无论是白天还是夜晚，只要有网络连接，学习就可以随时随地进行。这种灵活性使得教育更加普及，能够覆盖更广泛的人群，满足不同年龄、不同知识层次的学习者需求。同时，这种突破也使得学习变得更加便捷和个性化，学习者可以根据自己的时间和节奏来安排学习，真正做到按需学习。

（二）以学习者为主导的自主学习模式

在传统的教育模式中，教师往往扮演着主导角色，控制着课堂教学的节奏和内容。然而，这种教学方式往往忽视了学生的个体差异和需求，导致一些学生难以真正融入课堂，发挥自己的潜力。在互联网教育中，学生成为学习的主体和中心，他们可以自主安排学习，选择自己感兴趣的科目和课程，制订个性化的学习计划。这种自主学习模式不仅提高了学生的学习积极性和参与度，还有助于培养他们的自主学习能力和终身学习的习惯。同时，互联网教育也实现了教育资源的共享和利用，使得更多的优质教育资源得以传播和普及，满足了学习者对于高质量教育的需求。

（三）教学形式的革新与内容的多元化

互联网＋教育的实施，借助先进的计算机多媒体技术，为教学形式带来了革新，让教学内容变得更加丰富多彩。在网络课程中，原本枯燥乏味的理论知识通过生动的图片、动画和视频等形式展现出来，变得直观易懂，引人入胜。深奥难懂的观点则以生动的漫画、图解等形式进行解读，使学习者能够轻松理解并加深记忆。这种教学模式极大地提高了学生的学习兴趣，激发了他们的好奇心和求知欲，使他们更加主动地参与到学习中来，提高了学习效果。

此外，互联网＋教育还实现了教学内容的多元化。通过网络平台，学习者可以接触到来自世界各地的优质教育资源，包括各种学科的最新研究成果、实践案例、专家讲座等。这些丰富多样的教学内容不仅拓宽了学习者的视野，也为他们提供了更多的学习选择和机会。学习者可以根据自己的兴趣和需求，选择适合自己的课程和学习资源，实现个性化的学习和发展。

（四）教学交互的深化与灵活多变

互联网＋教育在教学交互方面也展现了其独特的优势。它打破了传统教学中时间和空间的限制，为学生和教师之间建立了一个全面、便捷的教学互动和交流学习的网络学习平台。在这个平台上，学生可以通过在线讨论、作业提交、学习进度跟踪等方式与教师进行实时的互动交流。教师可以通过平台对学生的学习情况进行监控和指导，及时解答学生的疑问和困惑。

这种教学交互的方式具有灵活多变的特点。学生和教师可以根据自己的时间和需求，随时随地进行交流和学习。同时，交互手段也多种多样，包括文字、语音、视频等多种形式，可以根据不同的教学内容和学习需求进行自由选择和切换。这种灵活多变的教学交互方式不仅提高了学生的学习效率和参与度，也促进了教师之间的合作与交流，推动了教育教学的创新和发展。

（五）全球优质学习资源的共享化

随着互联网技术的飞速发展，教育领域正迎来前所未有的开放与共享。互联网不仅打破了传统教育的地域限制，更让学习资源的获取变得触手可及。在全球化的知识库中，无数优质的教育资源得到了广泛的传播和充实。通过互联网，每个人都可以轻松访问到这些宝贵的资源，无论是专业领域的深入探索，还是个人兴趣的广泛涉猎，每个人都能找到适合自己的学习内容。这种资源的共享化不仅为个体提供了持续学习和自我提升的机会，更为整个社会的知识积累和传承注入了新的活力。

（六）智能化教学管理系统的革新

在"互联网＋"时代，传统的教学模式正在经历一场深刻的变革。微课、慕课、手机课堂和翻转课堂等新型教学模式，正是借助互联网技术的力量，对传统教育模式进行了全面的革新。这些新型教学模式不仅提高了教学效率，更使得学习变得更加灵活和个性化。同时，计算机的强大信息处理和交换功能，也为远程教育提供了更为全面和高效的支持。智能化教学管理系统的运用，使得远程教学成为可能，学生可以通过网络平台与教师进行实时互动，获取个性化的学习指导和反馈。这种教学模式的革新，不仅促进了学生的全面发展，也为教育事业的发展注入了新的动力。

第二节　数字时代职业教育生态重塑路径

《高校在线教育的发展脉络、应用现状及转型机遇》一文深入探讨了高校教育在信息化大潮中的发展现状，体现出职业学校运营机制与在线教育技术融合的重要性。[①] 在当前由大数据、人工智能、5G 和物联网等新一代信息技术引领的数字经济背景下，职业教育的生态结构正经历着根本性的重塑。在这一转型过程中，数字资源的积累与应用、个体信息素养的提升、信息化领导力的培养，以及政府层面在引领和统筹协调方面的作用，都成为不可或缺的要素。这些因素共同作用于职业教育的发展，为其提供了转型升级的契机，也对其未来的稳定性和可持续性提出了更高要求。

---

① 王辞晓，杨钋，尚俊杰. 高校在线教育的发展脉络、应用现状及转型机遇 [J]. 现代教育技术，2020，30（08）：5-14.

一、构建卓越的数字化教育资源体系

在数字经济迅猛发展的当下，职业教育面临着转型升级的重要使命。而构建适合职业教育教学的优质数字化资源和教育平台，无疑是实现这一使命的必由之路。

许多学校和教育机构在数字资源建设上仍然停留在传统的教材知识体系上，简单地将教材内容转化为课件或视频形式，然后上传到网络平台。这种"课本搬家"和"课堂搬家"的方式虽然实现了教育资源的数字化，但并未真正发挥数字资源的优势。这些资源的质量参差不齐，内容单调，缺乏系统性，而且共享性不强，很难引起学生的兴趣和主动使用。

然而，在线教育的发展为职业教育带来了全新的发展机遇。在线教育打破了时间和空间的限制，使得学生可以随时随地利用自己的时间进行学习。这种灵活性不仅提高了学生的学习效率，还激发了他们的学习热情和创新能力。据《人工智能时代职业教育的智慧教育生态系统的构建》分析可知，在线教育对传统的、低质量、低效率的培训模式构成了挑战，加速了教育生态中资源的优胜劣汰。[①] 那些优质的教学资源在在线教育的推动下脱颖而出，为职业教育的发展注入了新的活力。

因此，职业教育资源建设需要实现从专用资源向大资源的转变。这里的"大资源"不仅指数量上的增加，更指质量上的提升和范围的扩大。我们要构建一个覆盖现代社会发展的各个领域的数字化教育资源体系，为职业教育提供全面、优质、高效的教育资源支持。通过建设优质在线教育资源，我们可以推动在线教育成为更加高效的教育形式，满足标准化、规模化、个性化学习的要求。同时，这也有助于促进教育公平性，让无论身处何地的学生都能享受到优质的教育资源。

二、深化师生信息素养，迎接数字化教育新纪元

在当今信息化飞速发展的时代，师生信息素养的提升已成为职业教育转型升级的关键。《教育信息化 2.0 背景下智慧教师能力模型构建研究》一文深刻

---

① 张侠. 人工智能时代职业教育的智慧教育生态系统的构建［J］. 发明与创新（职业教育），2019（10）：63.

指出，教学行为作为教育生态的核心驱动力，其变革必然伴随着教师角色的重塑。① 随着新一代信息技术的广泛应用，教学行为不再仅由教师单独承担，而是与新技术共同协作，形成新的教学模式。这就要求从事职业教育的教师不仅要掌握现代信息技术，还要将其应用于课程改革、教学方法优化中，实现线上线下、课上课下的无缝对接，以提升课堂效率。同时，教师还需培养学生的信息技术应用能力，帮助他们更好地适应信息化时代的需求。

在教育信息化 2.0 的背景下，教师的职责已超越传统的"传道授业解惑"范畴。他们不仅是知识的传授者，更是学生职业发展的引导者。人工智能技术的快速发展及其在职业教育领域的应用，为教师们分担了更多的教学工作，这使得教师们能够有更多的时间和精力去关注学生的素质和专业技能培养，成为他们职业道路上的引路人，这有利于培养既有技术又有温度的高素质技能型人才。

为了适应数字化和信息化的发展，教师们需要不断更新自己的专业知识，跟上时代的步伐。他们不仅要掌握最新的教学技术和方法，还要了解行业发展的最新动态，以便为学生设计更加符合实际需求的职业生涯发展路径。同时，他们还需要具备创新意识和创新能力，不断探索新的教学模式和方法，以提高学生的学习效果和兴趣。

在职业院校中，数字资源的建设离不开教研团队的共同努力。教研团队需要深入企业和院校进行调研，了解人才培养的需求和目标，制定相应的人才培养方案。他们还需要对教材内容进行逻辑化梳理和重构，根据实际需求对课程和教材进行改进和更新。在信息技术人员的协助下，教研团队可以将新型数字资源应用于课堂教学中，建设智慧课堂，实现传统教育与信息技术的深度融合。

除了教师外，学生作为教育生态中的另一个重要群体，也需要提高信息素养。在数字经济时代，企业对信息技术人才的需求日益增长，这要求学生们不仅要扎实掌握专业知识，还要具备较强的信息技术应用能力。通过利用线上丰富的优质教学资源，学生们可以拓宽自己的知识视野，提高学习效率和质量。同时，他们还需要学会如何有效地利用信息技术工具进行学习和创新，以适应未来社会的发展需求。

---

① 柳仪. 教育信息化 2.0 背景下智慧教师能力模型构建研究 ［J］. 教育导刊，2019（11）：76–81.

综上所述，提高师生信息素养是职业教育适应数字化和信息化发展的重要举措。通过深化师生信息素养的培养和提升，我们可以推动职业教育向更高层次、更高质量的方向发展，为社会培养出更多具有创新精神和实践能力的高素质技能型人才。

三、强化管理层信息化引领能力，推动职业教育生态革新

在数字经济浪潮中，重塑职业教育生态的关键在于提升职业教育管理层的信息化领导力。这不仅关乎职业教育的发展方向，更直接影响职业教育质量和学生未来的职业竞争力。为此，管理层应聚焦于以下两大方面，以推动职业教育信息化的深入发展。

（一）深化管理层在教师专业培训与交流中的引领作用

在信息技术日新月异的今天，传统的教师培训与交流方式已难以满足现代职业教育的需求。为了助力教师的专业成长，管理层应当积极构建新型的、高效能的培训与交流平台。这些平台不仅要具备高质量的内容，还需具备便捷性，能够利用新一代信息技术手段来呈现学习内容，确保教师们能够迅速掌握最新的教育理念和技术。

《"互联网+"教师培训与专业发展：深度质量评价的视角》一文深刻指出，一个开放、自由的交流平台对于教师的成长至关重要。[①] 这样的平台不仅能够促进教师之间教学经验的共享，还能为教学难题的探讨提供一个理想的场所。通过交流，教师们可以相互学习、相互启发，共同提升教学水平。

为了进一步提升教师们的数字技能和信息化职业能力，职业院校的管理层应当积极引入智能评估系统。该系统能够对在职教师的能力进行全面、客观的评估，并根据评估结果为教师提供个性化的培训方案。这样的培训不仅具有针对性，还能确保教师们在短时间内迅速提升相关技能。

当教师们深刻认识到现代信息技术给职业教育领域带来的便利和机遇时，他们自然会更加积极地将其应用于教学实践中。这不仅有助于提升教学质量，还能为学生们提供更加优质的教育资源。因此，管理层应当加大对现代信息技

---

① 冯晓英，宋琼，吴怡君. "互联网+"教师培训与专业发展：深度质量评价的视角 [J]. 开放学习研究，2020，25(3)：1–7.

术在教学中的应用宣传力度，激发教师们的学习热情和探索精神。通过持续不断地培训与交流，教师们将能够紧跟时代步伐，为职业教育的发展贡献自己的力量。

（二）职业院校管理层在顶层设计中的关键作用

在职业教育的发展道路上，管理层扮演着至关重要的角色，特别是在利用大数据技术进行职业教育管理信息化的顶层设计上。为了引领职业教育迈向更高层次，管理层必须敢于在管理模式的创新上迈出新的步伐。

具体而言，管理层需要构建一个智慧化的教务管理系统，该系统不仅要能够处理海量的教育数据，更要具备强大的数据挖掘、分析和整合能力。这样的系统不仅能够为管理层提供准确、全面的数据支持，还能帮助管理层在数据的基础上做出更加合理、精准的决策。

《教育信息化 2.0 视域下的首席信息官（CIO）——核心内涵、能力模型与专业发展策略》一文为我们提供了宝贵的建议。[①] 为了充分发挥大数据在教育管理中的作用，我们需要将教务管理系统数据与网络教学平台数据进行有机融合。通过这种融合，我们可以让教育管理决策、监督评价等各个环节都建立在坚实的大数据基础上，从而实现决策的合理性、措施的精准性和管理的有效性。

此外，为了保障教师们能够顺利开发数字资源，管理层还需要积极引进资金、技术和专业的信息技术人才。这些资源和技术将为教师们提供强大的支持，帮助他们更好地利用现代信息技术进行教学创新，提升教学质量。

职业院校管理层在顶层设计中发挥着不可替代的作用。他们不仅需要具备前瞻性的视野和创新的思维，还需要积极引进和整合各种资源，为职业教育的发展提供有力保障。

四、强化政府在职业教育信息化发展中的引领与协调作用

在推动职业教育信息化的道路上，政府的作用不可或缺。作为资源的核心调配者，政府不仅为职业教育体系提供了必要的资金和技术支持，更在信息化发展中扮演着引领和协调的关键角色。

---

① 葛文双，白浩. 教育信息化 2.0 视域下的首席信息官（CIO）——核心内涵、能力模型与专业发展策略[J]. 远程教育杂志，2020，38（04）：64-73.

为了促进在线教育平台技术的持续进步，政府需要积极引进和培养更多的信息化技术专业人才，确保技术创新的活力和可持续性。同时，政府还应致力于推动教育资源公共服务平台和教育管理公共服务平台的建设，打破信息孤岛，实现资源的共享与高效利用。

在职业教育领域，政府应当引入多主体供给机制，通过引入竞争机制，激发办学机构、院校和企业之间的活力，促使他们不断提升服务质量和教育资源的优化配置。这种市场机制的作用，不仅可以提升职业教育的整体质量，还能满足社会对多元化、个性化教育的需求。

为了进一步激发行业、企业参与职业教育信息化建设的积极性，政府需要建立长效的激励机制。通过政策引导、税收优惠等方式，鼓励企业投入更多资源到职业教育信息化建设中，打造新时代的产教融合信息化平台。这样的平台不仅有助于资源的有效整合，还能促进专用资源向大资源的转变，实现资源的最大化利用。

线上教育的兴起对职业教育领域产生了深远的影响。然而，职业教育的现代化发展并非一蹴而就，它需要一个长期的发展和适应过程。在这个过程中，职业教育的生态将不断进行调整和优化，最终趋于动态稳定。与此同时，职业教育的发展也将与我国社会的信息化进程同步发展，推动职业教育的全面转型和升级。

第三节　数字化转型视角下高职教育的转型思考

一、"互联网＋"背景下高职教育模式的革新与转型

（一）高职教学内容实现深度开放与个性化

在互联网技术的推动下，高职院校正经历着前所未有的教学内容革新。互联网为高职院校提供了海量的信息资源和多元化的学习平台，使得教学内容不再局限于传统的教材和课堂。学生通过网络平台，能够随时随地获取丰富的知识和信息，这种学习方式的转变极大地提升了学生的学习自主性和个性化需求。

一方面，学生可以通过网络平台进行自主学习，根据自己的兴趣、需求和

节奏选择学习的主题和内容。例如，泛雅教学服务平台等在线学习平台为学生提供了大量的教学资源，学生可以根据自己的学习进度和兴趣选择课程，进行个性化学习。同时，学生还可以通过网络平台与其他学习者进行交流和讨论，分享学习心得，相互帮助解答疑惑，形成良好的学习氛围。

另一方面，高职教育的教学资源共享也在互联网背景下得到了极大的拓展。不仅课程资源可以实现共享，教师的研究成果、教学经验等也可以通过网络平台进行传播和交流。这种共享不仅有助于提升教师的教学和科研能力，也有助于学生获取更广泛、更深入的知识。

此外，随着网络技术的不断发展，高职教育的课程知识结构也逐渐呈现出实时性特征。教师可以通过网络平台及时收集最新的信息和资源，更新课程内容，确保教学内容的前沿性和时效性。同时，学生也可以通过网络平台获取最新的学习资料和研究成果，满足自己深层次的学习需求。

"互联网＋"背景下的高职教育正在逐步实现教学内容的深度开放与个性化，为学生提供了更加丰富、灵活、便捷的学习体验。

（二）高职教学模式的多样化变革

随着互联网技术日新月异的发展，高职教育的教学模式正经历着前所未有的变革，呈现出多样化的特点。互联网平台和信息技术为高职教育带来了慕课、微课、翻转课堂等创新的教学模式。特别是微课的兴起，已经成为高职教育发展的一个重要趋势。微课以其短小精悍、针对性强的特点，让学生可以在任何时间、任何地点进行自主学习。在微课教学模式下，学生可以根据自身的兴趣和学习进度选择学习内容，自由表达自己的观点，而教师则能够实时掌握学生的学习情况，为每位学生提供个性化的教学指导。这种教学模式真正实现了学生的自主学习和个性化发展。

互联网不仅催生了慕课、微课、翻转课堂等教学模式，还预示着更多、更新颖的教育资源、教育平台和教育模式的涌现。如果将教育领域比作一个充满创意和活力的秀场，那么"互联网＋"的加入无疑为这个秀场注入了新的活力。要使"互联网＋"真正成为教育发展与创新的新引擎，我们需要充分发挥"学校秀场"和"网络秀场"的各自优势，促进两者的融合共赢。在这个过程中，课堂教学的开放与坚守都应以服务于教育的根本目标——促进人的发展与成长为出发点和落脚点。

（三）高职教育的全民化、终身化发展趋势

随着科学技术的飞速进步和社会经济的不断发展，人们对综合能力的需求日益提高。为了适应这一变化，人们需要树立终身学习的意识，不断充实自己，提高适应社会的能力。然而，对于大多数人来说，离开学校后由于工作繁忙等原因，学习时间逐渐减少，难以满足社会发展的需要。因此，在职学习、终身学习等理念变得越来越重要。

网络教育以其跨越时间和空间的优势，为人们提供了多样化的学习机会。网络平台上拥有丰富的教育资源，教学方式也更具趣味性，能够激发人们的学习兴趣和动力。高职教育正逐步向大众化、终身化延伸，人们可以通过各种教育形式，如普通教育、基础教育、学历教育等，与终身教育的理念相结合，实现全民教育，满足不同人群的教育需求。这种发展趋势不仅有助于提升国民的整体素质，还有助于推动社会的持续进步和发展。

二、"互联网＋"时代下的高职教育转型深度思考

（一）重塑定位：从层次到类型的战略转变

在全球教育视野中，职业教育在西方国家往往被视为一种实用且高效的教育类型，而非单纯的教育层次。这种类型的教育聚焦于培养实践型、技能型的人才，以满足社会对于技术技能型人才的迫切需求。近年来，我国高职教育在培养技术技能型人才方面取得了显著成效，为国家的经济社会发展做出了重要贡献。

2019年，我国颁布的《国家职业教育改革实施方案》明确提出了职业教育与普通教育具有同等重要地位，将职业教育定位为一种独立的教育类型。这一战略转变，体现了国家对职业教育发展的高度重视和深远考虑。随着我国进入新的发展阶段，产业升级和经济结构调整的步伐不断加快，各行各业对于技术技能型人才的需求愈发旺盛，职业教育的重要性和地位也愈发凸显。

特别是中国制造2025的战略目标，对职业教育提出了更高的要求。要实现这一目标，必须大力发展职业教育，推动其向规模化、精细化、高端化方向迈进。在这个过程中，高职教育作为职业教育的重要组成部分，必须积极响应国家战略，加快自身转型和发展，以更好地服务于国家的经济社会发展。

因此，我们需要重新审视高职教育的定位和发展方向，将其从单纯的教育层次中解放出来，作为一种独立的教育类型来重新定位和规划。通过加强高职教育与产业、企业、社会的紧密联系，推动其向实践型、技能型、创新型人才的培养方向转变，以满足国家对于技术技能型人才的需求，为实现中国制造2025 的战略目标提供有力的人才支撑。

（二）教育观念的革新：从传统到平等的思维转变

"互联网 +"的崛起不仅带来了技术上的飞跃，更引领了教育思维方式的深刻变革。在互联网技术的推动下，人们开始摒弃传统的、权威的教育观念，转向更加平等、开放的思维模式。互联网思维中的用户思维尤其强调个体在教育过程中的主体地位，它要求高职教育从以教师为中心的教学模式转向以学生为中心，满足学生个性化、多元化的学习需求。

在"互联网 +"时代，学生不再是被动地接受知识，而是成为知识的主动建构者和传播者。他们通过互联网平台，能够自由地获取、分享和传播知识，形成自己的知识体系和学习网络。这就要求高职教育必须打破传统的教学思维，尊重学生的主体地位，关注学生的兴趣和需求，提供多样化的学习资源和个性化的学习路径。

同时，互联网思维中的综合化、情境化、批判性和价值观等特点也为高职教育的转型提供了机遇和挑战。综合化要求高职教育加强与其他教育类型、产业和社会的融合，形成跨界合作的教育模式；情境化则要求高职教育将理论知识与实践情境相结合，培养学生的岗位适应能力和实践技能；批判性则要求高职教育培养学生的独立思考和创新能力，让他们在面对复杂问题时能够做出明智的决策；价值观则要求高职教育注重培养学生的社会责任感和价值观，让他们成为有道德、有担当的社会公民。

为了应对这些挑战和机遇，高职教育需要采取一系列措施。首先，借鉴国外先进的职业教育模式，如德国的双元制教育模式，整合校内外资源，加强校企合作，发挥企业在教育创新和改革中的重要作用。其次，通过情境化设计将理论知识与岗位实践相结合，让学生在学习过程中就能体验到真实的工作环境和工作要求。再次，营造开放、快乐的教学氛围，鼓励学生参与课堂讨论和团队合作，培养他们的团队协作能力和创新精神。最后，注重培养学生的社交分享能力，让他们在分享知识、交流经验的过程中实现个人成长和价值提升。

总之,"互联网+"背景下的高职教育转型需要我们在教育观念上进行深刻的变革,从传统教学思维转向平等、开放、合作的教学思维,以更好地适应时代的发展和满足社会的需求。

(三)适应教育对象:拥抱"05后"互联网"原住民"

在"互联网+"的时代浪潮中,我们面临着前所未有的教育挑战与机遇。如今,利用互联网学习已成为学生的常态,他们是真正的互联网"原住民"——"05后"。这些学生习惯于在网络上自主搜索、筛选和整合知识,他们不再满足于传统的、以教师为中心的教学模式。如果高职教育继续墨守成规,不积极适应这一变化,课堂将失去吸引力,学生的学习热情将逐渐消退。

因此,以学生为中心的教育理念并不是简单地迎合学生的需求,而是从学生的心理需求出发,深入研究和理解这一代学生的特点和需求,进而改革和创新与之相匹配的教育模式和教学方法。"05后"学生倾向于碎片化的学习方式,他们期待知识能够以更加精简、直观的形式呈现。同时,他们对教师的要求也更加多元化,不仅注重教师的专业知识和教学能力,还期望教师在人格魅力、情感共鸣及外在形象等方面都能给予他们正面的影响。

为了更好地适应这一变化,高职院校的教师需要深入研究"05后"学生的特点,加强自身的互联网思维,运用多样化的教学手段和形式,如互动式学习、项目式学习、游戏式学习等,来激发学生的学习兴趣,提升他们的学习体验。同时,教师还需要关注学生的学习过程,及时给予反馈和指导,帮助他们构建完整的知识体系,提升他们的综合素质。

(四)重塑教育目标:追求卓越,而非满足平庸

长久以来,社会上对高等教育和职业教育的认知存在一定的偏见。人们普遍认为普通高等教育是精英教育,是通往成功的捷径;而高职教育则被视为次等教育,是成绩不佳的学生无奈之下的选择。然而,随着社会经济的发展和产业结构的调整,职业教育的重要性日益凸显。越来越多的学生和家长开始认识到,在高职院校选择一门技术性强的专业同样能够实现个人价值和职业发展。

为了改变这种偏见,重塑高职教育的形象,我们需要重新定位高职教育的目标。高职教育不应该只是满足于培养具备基本职业技能的学生,而应该追求

卓越，培养具备创新精神、实践能力、职业素养和社会责任感的高素质技术技能人才。这些人才不仅能够适应当前社会经济的发展需求，还能够在未来的职业发展中不断学习和成长，成为行业的佼佼者。

为了实现这一目标，高职院校需要加强与企业的合作，共同制定人才培养方案，确保教育内容与市场需求紧密对接。同时，高职院校还需要加强师资队伍建设，提升教师的专业素养和教学能力，为学生提供更优质的教育资源和服务。此外，高职院校还需要注重学生的综合素质培养，通过丰富的校园文化活动、社会实践和志愿服务等形式，提升学生的综合素质和社会责任感。

第二章

高职院校信息化教学概述

在当下，信息化教育的发展已迈入一个多元、跨学科的崭新时代。这不仅仅局限于学校和教育行政部门的推动与关注，更吸引了科技、生产、服务、管理等社会各界的广泛兴趣与鼎力支持。信息化教育正引发一场深刻的教育生产力的革新，它触及并重塑了教育观念、教学环境、教学方法、教学组织形式、教学手段，以及教育界人与人之间的关系，乃至教与学中的每一个环节。本章旨在深入探讨信息化教学的内涵、其历史演变与发展脉络、高职院校信息化教学的理论基石，以及高职教师在信息化教学能力方面的培养与提升。

第一节　信息化教学内涵

信息化教学，在现代教育理念和理论的引领下，着重运用现代信息技术手段，致力于教育资源的开发与创新，从而优化教育流程。其核心目标在于培养能够适应 21 世纪全球竞争环境，具备创新精神和实践能力的优秀人才。这种教学模式不仅代表了教育技术的革新，更是对人才培养模式的全面升级。

一、信息化教学的特点

（一）融入现代教育理念

信息化教学是在传统教育观念的基础上，紧跟社会发展和教育需求变化，形成了与时俱进的现代教育理念。这种理念强调学生的全面发展和个性化成长，鼓励学生树立终身学习的观念，实现学习与工作的有机结合。在教学过程中，它注重教师与学生的双主体地位，强调教师的引导与学生的主动探索相结合，旨在培养具备创新精神和实践能力的未来人才。现代教育理念指导下的信息化教学，不仅关注知识的传授，更注重学生综合素质的提升。

（二）采用创新型教学模式

信息化教学以现代教育技术为基础，构建了以学生为中心的新型教学模式。在这种模式下，学生成为教学活动的主体，教师则发挥引导者的作用。信息化教学通过提供丰富的交互性、直观性和形象性的学习环境，使学生能够更加积极主动地参与学习过程，实现知识的主动建构。

学生、教师、教学信息和学习环境作为信息化教学模式的四大要素，它们之间相互作用、紧密关联，共同构成了一个稳定的教学模式结构。信息化教学能够利用信息技术的优势，为学生提供非线性的学习路径，帮助他们更好地理解和应用知识。同时，它还能够激发学生的兴趣和联想，唤醒他们长期记忆中的知识和经验，促进知识的有效迁移和应用。

随着信息技术的不断发展，信息化教学已成为现代教育的重要形式。它要求教育工作者树立全新的教学观念，改变传统的教学模式，运用现代教育理论构建新的教学模式。这种模式的最终目标是使学生具备自主学习和终身学习的能力，培养他们的创新精神和实践能力，以适应信息时代的发展需求。

信息化教学强调学生的主体地位和教师的引导作用，注重培养学生的创新精神和实践能力，是信息时代教育发展的必然选择。

（三）依托现代信息技术

信息化教学的核心支撑在于现代信息技术的广泛应用。这些技术可分为两大类：硬件技术和软件技术。硬件技术包括多媒体技术、计算机技术和网络技术，它们为信息化教学提供了强大的物质基础。而软件技术则涵盖了运用这些现代教育媒体进行教学的方法，即媒体教学法，以及教学系统设计技术，这些方法和技术旨在优化教育教学过程。信息化教学充分利用现代信息技术的优势，构建了一种新型的、能够有效呈现、传递和处理信息的教学模式。

（四）整合信息化教学资源

信息化教学资源是信息化教学的核心要素，它们以数字形态存在，富含教育信息，具有极高的教育价值。在信息化教学中，这些资源的重要性不言而喻。缺乏丰富、高质量的数字化教学资源，学生的自主学习、自主发现和自主探索学习都将无从谈起。因此，信息化教学致力于实现教材的多媒体化、资源的全球化、教学的个性化、学习的自主化、活动的合作化及教学环境的虚拟化。这些目标的实现，都离不开对信息化教学资源的深度整合和有效利用。

二、信息化教学的目标

（一）强化学习者的信息素养

信息化教学的首要目标在于培养和强化学习者的信息素养，特别是他们的信息能力。这不仅包括信息意识、信息知识的掌握，更涵盖了信息获取、处理、生成、创造、应用、协作及免疫等多方面的能力。这些能力在当今社会已成为人们生存和发展的基本要素，对于个人的职业发展和社会融入具有决定性作用。

（二）塑造终身学习的观念

在日新月异的时代背景下，终身学习已成为个体适应社会发展、保持竞争力的关键。信息化教学致力于帮助学习者树立终身学习的意识，培养他们不断补充新知识、提升技术水平的能力。这样，学习者便能在快速变化的世界中立足，实现个人的持续成长。

（三）激发学习者的创新与实践潜能

信息化教学的核心理念在于培养人的创新精神和实践能力。它借助现代信息技术的优势，将信息技术与学科课程进行深度融合，为学习者创设丰富的学习环境，激发他们的学习兴趣和主动性。在这样的学习环境中，学习者的创新思维和实践能力得到了有效的锻炼和提升，为实现个人价值和社会贡献打下了坚实的基础。

第二节　信息化教学的产生与发展

信息化教学的发展历程历经了漫长的 80 多年，它始于一个以改革教学实践为目标的视听教学运动，逐渐发展成为一个专门致力于运用现代教育技术解决实际问题的实践领域。随着时间的推移，这一领域不断深化和扩展，最终成为一门独立的专业与学科——现代教育技术学。这一演变过程不仅体现了教育技术的不断进步，也展示了信息化教学在教育领域中的日益重要地位和广泛影响。

一、信息化教学的起源与演进

（一）视听教学理论的奠基与演变

19世纪末至20世纪初，教育领域开始广泛采用模型、地图、实物、照片、幻灯和无声电影等新技术，它们为学生带来了生动直观的视觉体验，从而增强了教学的直观性和吸引力。这一时期的这些技术实践催生了视觉教育的概念。1923年，美国的全美教育协会设立了视觉教学部，标志着视觉教育在学术和实践层面得到了正式认可。

随着有声电影和广播录音技术的出现，它们在教育中的应用使得原有的视觉教育概念得以扩展，逐渐演化为视听教育。然而，由于当时学校中视听教学资源的匮乏，其发展一度陷入停滞。

二战期间，视听教学在工业和军队训练中的成功应用，为其在教育领域的发展提供了有力支撑。1947年，全美教育协会的视觉教学部正式更名为视听教学部，标志着视听教育在教育领域中的地位得到了进一步提升。

在视听教学的理论研究中，戴尔的"经验之塔"理论具有里程碑意义。该理论系统地分类了不同媒体所提供的学习经验的抽象程度，并提出了相应的应用原则，为教学过程中教学媒体的应用提供了重要依据。

进入20世纪五六十年代，随着语言实验室、电视、教学机、多种媒体综合呈现技术、计算机辅助教学的相继问世，教育领域对教学资源的需求日益多样化。同时，传播理论的发展也影响了教育领域，人们开始关注教学信息的传播过程，而不仅仅是教学工具的使用。这一时期，视听教学领域开始强调教学资源在教学过程中的作用，以及媒体在促进有效教学方面的应用。

信息化教学经历了从视觉教育到视听教育的演变，再到对教学资源和教学传播过程的重视，最终形成了依靠教学资源促进有效教学的思想及利用媒体辅助和传播的教学方式。这一演变过程体现了信息化教学在教育领域中的不断深入和发展。

（二）程序教学理论的演进与影响

个别化教学旨在满足每位学习者的独特需求，它允许学生自定学习目标、步调和方法，自由选择学习资源和材料。这种教学形式的历史可以追溯到 19 世纪中叶，但程序教学理论的形成与发展则更为集中地体现在 20 世纪。

程序教学的早期实践可以追溯到 20 世纪初期，伯克为旧金山一所师范学校设计的教学系统，让学生根据个人进度学习教师编写的自学材料。随后，心理学家普莱西在 1924 年发明了自动教学机，它虽然主要用于自动测试，但已蕴含了程序教学的一些核心原则，如自定步调、积极反应和即时反馈。

1954 年，斯金纳的《学习的科学和教学的艺术》一书发表，标志着程序教学理论的成熟。他根据操作条件反射和强化理论，设计出了教学机器和程序教学，这一方法强调小的学习步骤、学生的积极反应、即时的反馈及自定步调。斯金纳的理论推动了程序教学运动的高潮，但也因其高昂的开发成本而在 20 世纪 60 年代初开始衰退。

然而，程序教学的影响是深远的。它促进了教学设计的系统化，激发了对个别化教学的深入研究。例如，凯勒的个别化教学系统、掌握学习法、导听法等多种个别化教学策略受到了广泛关注。

进入 20 世纪 50 年代末，计算机开始被引入教学和训练领域，计算机辅助教学系统（CAI）的出现受到了程序教学的强烈影响。虽然早期的 CAI 主要用于模仿传统课堂教学，但随着计算机技术的发展，它逐渐能够提供更丰富、更个性化的学习资源，使学生从被动听讲转变为积极参与教学过程。

从这一系列的实践中，形成了一种以学习者为中心的个别化教学模式。该模式强调学习者的学习效果是教学的核心和评价标准。程序教学的理论基础——行为主义的强化理论，不仅促进了学习者学习特性的研究，还影响了教学资源的开发方法，形成了基于系统分析和设计的开发程序。行为科学和传播理论共同构成了现代教育技术形成的重要理论基础。

（三）教学系统化理论的演进与成熟

教学的系统化设计，也被称作系统化教学方法，是一种全面规划、执行和评估教学活动的系统性途径。

系统化教学设计的方法根植于一种基于经验的设计和优化教学的实用主义途径。这种实用主义方法的历史可以追溯到 17 世纪，由夸美纽斯提出，他主张通过归纳法来分析和提升教学过程。到了 20 世纪 20 年代，人们开始应用这种实用主义方法来解决教学中遇到的问题。

斯金纳等人所描述的程序化教学过程是运用实用主义方法解决教育问题的一个经典案例，也是教学系统化设计概念发展的关键推动力。程序化教材的编制过程涵盖了后来教学系统化设计模式中的诸多要素。例如，收集程序化教学材料效果的相关数据，识别教学过程中的不足并优化教材，这些实践为后续的形成性评价和教材修订等关键概念打下了基础。

行为科学领域的一些概念，包括任务分析、行为目标、标准参照评估和形成性评价等，为系统化教学设计方法的构建提供了科学的支撑。

20 世纪 60 年代初期，加涅、格拉泽、布里格斯等学者将任务分析、行为目标和标准参照评估等理论和概念进行有效整合，提出了早期的系统化教学设计模型，当时被称作系统化教学和系统开发。到了 20 世纪 60 年代后期，布朗等学者提出了以学生为中心的系统化教学模型，其显著特征是所有教学设计活动都紧密围绕学生的需求和能力展开，并根据学生达成学习目标的情况进行教学的优化。

在教学改进的实验方法实践中，受到行为科学理论及概念的深刻影响，尤其是程序教学的课程开发模式和一般系统论的影响，逐步发展出了系统化教学设计的思想，以及分析、设计、实施、评价的教学系统方法和实践模式。

（四）当代教育理论的发展轨迹

20 世纪 20 至 50 年代，视听教学、程序教学和系统化教学设计三种方法各自独立演进。但到了 20 世纪 60 年代，这些教学方法开始相互借鉴和影响。例如，传播理论对视听教学产生了深远的影响，传播模型帮助我们理解了影响教学传播效果的多种因素及其相互之间的联系和制约关系。程序教学运动让人们认识到了在教学过程中进行系统分析的重要性。教学效果受到众多复杂变量的影响，只有通过系统化的研究思路和方法，我们才能对教学过程进行细致的系统分析，并发现提升教学效果的有效策略和方法。

现代教育技术是一种综合运用广泛学习资源、倡导个性化学习及采纳系统化方法的全面学习方法。它是由这三个关键概念融合而成的，旨在综合分析和解决教育及教学领域的问题的技术。

二、中国信息化教学的演进轨迹

信息化教学作为一个新兴的实践和研究领域，在美国起源于视听教学运动。在中国，信息化教学的起点可以追溯到电化教育的兴起，它标志着中国教育从电化教育逐步向教育技术（即现代教育技术）的转变。电化教育的兴起和发展对中国教育事业的进步和教学改革产生了深远的积极影响。

（一）电化教育的起源与早期发展

中国电化教育的起源可以追溯到 20 世纪 20 年代，当时国内开始尝试使用幻灯进行教学实验。"电化教育"这一术语大约在 1936 年出现，它泛指利用幻灯、电影、录音等媒介进行的教育活动。中华人民共和国成立之后，电化教育开始取得初步进展。这主要体现在两个方面：一是社会电化教育的发展，如一些地区成立了俄语广播学校、电视大学等；二是学校电化教育的进步，部分高校开设了电化教育课程，一些大学成立了专门的电化教育研究机构，语言实验室在外语教学中也得到了应用。在这一时期，中国开始探索利用媒介技术进行教学的新途径。

（二）现代教育技术的快速发展

自 1978 年起，电化教育在中国重新焕发活力，并迅速发展壮大。在全国范围内，各级电教机构相继成立，大量电化教育设备被采购，大量电化教育教材得到编制和发行。同时，积极开展将电化教育应用于课堂教学的实验研究，形成了使用幻灯、投影、录音、电视录像等多种媒介进行组合教学的热潮。例如，广播电视大学开展基于卫星广播电视的远程教学实践与研究，高等院校设立电化教育专业，培养了大量电化教育专业人才。

进入 20 世纪 80 年代末和 90 年代初，随着计算机技术的全面渗透及互联网技术的广泛应用，校园网和校校通工程迅速推广开来，教育信息化水平不断提升。这进一步推动了以计算机技术为核心的现代教育技术在教育领域的应用。"现代教育技术"这一术语逐渐取代了"电化教育"，现代教育技术的应用研究在整个教育界受到广泛关注。教育工作者积极投身于现代教育信息技术手段的应用研究、计算机辅助教学研究、计算机网络教育应用研究，同时，新型的远程网络教育也受到了广泛关注。教育界对教学信息化的重视程度不断提高，信息化教学的理论与实践研究快速发展。

总结来说，中国信息化教学的发展经历了一个迅猛发展的阶段。在1966年之前，随着电化教育概念和形式的出现，信息化教学获得了初步的发展。1978年之后，随着学校电化教育、计算机辅助教学、远程教育及教育技术学科建设的发展，信息化教学实现了快速的进步。

第三节　高职院校信息化教学的理论基础

在职业教育中，解决教学问题必须根植于科学原理，这些原理通常源于对学习问题、教育教学问题的深入研究。这些研究主要集中在视听理论、学习理论、系统科学理论等方面。职业教育作为一个庞大而复杂的教学系统，拥有其独特的运作规律和内在逻辑。因此，在处理教育系统分析、课堂教学中的信息加工、反馈与控制等问题时，必须运用系统科学的视角和方法。

同时，我们不能忽视教学作为一种信息传播活动的本质。信息传播理论中的一些核心原理对于解决职业教育中的教学问题具有深远的影响。通过理解和应用这些原理，我们可以更有效地设计教学策略、优化教学方法，从而提升学生的学习效果和教育质量。

职业教育在解决教学问题时，应当以科学原理为基石，结合学习理论、教学理论和视听教育理论的研究成果，并运用系统科学和信息传播理论的方法论，以确保教育教学的科学性和有效性。

一、视听理论的概述

视听理论，作为一个重要的学习理论，诞生于20世纪40年代，其中戴尔的"经验之塔"理论成为其标志性的理论框架。该理论由美国教育家戴尔提出，他主张人们的学习过程通常依赖于两种经验：直接经验和间接经验。戴尔认为，当学习经历从直接经验逐步过渡到间接经验，从具体逐渐提升到抽象时，人们获取知识和技能的过程会更为顺畅和高效。

为了更清晰地描述人们获得知识和能力的各种经验，戴尔将这些经验按照抽象程度的差异划分为三大类十个层次，并构建了一个"经验之塔"模型来进行阐释。这个模型直观地展现了人们在学习过程中从直接经验到间接经验、从具体到抽象的递进关系。

具体来说，"经验之塔"模型包含三个主要部分：

（1）做的经验：这一层次涉及学习者直接参与并亲身体验的活动，包括直接的、有目的的经验（如亲手操作、实践探索），设计的经验（如制订计划、设计项目），以及演戏的经验（如角色扮演、模拟情境）。

（2）观察的经验：这一层次涵盖了学习者通过观察他人或事物来获取知识和技能的过程，包括观摩示范（如观察他人操作、演示）、学习旅行（如实地考察、参观访问）、参观展览（如博物馆、艺术展览）、电影电视（如观看教学影片、纪录片）以及录音、无线电、静止画面等多媒体资源。

（3）抽象的经验：这是最高层次的经验，主要依赖于符号和语言来传达知识和信息。包括视觉符号（如图形、符号语言）和语言符号（如文字）等。

通过这一"经验之塔"模型，戴尔成功地揭示了人们在学习过程中经验获取的层次和路径，为教学设计和学习策略的制定提供了有力的理论支持，如图2-1 所示。

图 2-1 戴尔的"经验之塔"

"经验之塔"理论明确了一个观点：教学应当从具体、直观的经验出发，逐步过渡到更为抽象的概念。这一理论框架强调，随着学生知识和年龄的增长，教学内容和方法应当逐渐提升抽象层次，但始终建立在具体经验的基础之上。

在"经验之塔"的中层，观察的经验，特别是通过视听教具获得的经验，被认为是培养学生观察能力的有效途径。这些视听教具不仅比单纯的言语描述更加具体和易于理解，而且能够突破时间和空间的限制，为学生提供更多元、更丰富的直接经验。对于职业教育而言，这种经验尤为重要，因为它可以弥补学生在实际工作环境中的直接经验不足。

因此，在职业教育教学中，我们鼓励广泛应用各种视听媒体进行教学。在实训教学环节中，通过让学生亲自动手操作、亲身体验（即"经验之塔"底层的经验），学生能够深入理解并牢固记忆所学内容。同时，利用"经验之塔"上层的抽象经验，结合教育技术手段，可以优化教学过程，提高教学效率。这种教学方式不仅有助于学生快速掌握概念，而且能够更好地将所学知识应用于实际工作中。

二、学习理论

学习，本质上是个体通过不断获取新的经验和经历，进而实现行为改变和自我发展的过程。它是我们适应复杂多变环境的一种重要方式。学习理论，则是对这一过程的深入剖析和系统总结，它试图揭示学习的本质和内在规律，以及学习过程中所涉及的心理机制。学习理论为我们理解人类学习活动提供了理论基础，同时也为我们指导学习实践提供了科学依据。

（一）社会认知理论

班杜拉的社会认知理论提出，传统的行为主义观点倾向于认为个体的行为完全由外部环境因素所决定，即"环境决定论"；而认知主义则强调个体行为主要受个体内部认知因素的控制，即"个人决定论"。班杜拉认为这两种观点都过于绝对化，实际上个体的行为、认知和其他个人因素及外部环境是相互交织、相互影响的。

班杜拉的社会学习理论为我们揭示了学习的多元性和复杂性。其基本原理阐述如下：

（1）学习的认知本质：班杜拉认为，人类学习在很大程度上是认知性的。一个人的认知结构、信念、态度等对其感知世界、解决问题及产生动机等方面起着决定性作用。这意味着，学习不仅仅是外界刺激的简单反应，而是个体内部认知过程与外部环境的交互结果。

（2）反应结果的多重作用：在班杜拉的理论中，反应结果被视为学习的重要来源。这些结果不仅告诉个体某种行为是否成功，还通过信息功能、动机功能和强化功能来影响他们的行为。反应结果的信息功能帮助个体预测行为后果，动机功能则激发个体采取行动，而强化功能则增强或减弱特定行为的频率。

（3）观察学习的核心地位：班杜拉强调，观察学习在个体行为习得中占据重要位置。通过观察他人的行为和结果，个体可以学习到新的行为模式。观察学习涉及注意、保持、再现和动机四个关键步骤，这四个步骤缺一不可。

（4）示范的多元效应：展现示范行为可以产生多种效应。这些效应包括习得新的行为反应、抑制已有行为、加强或削弱某些行为的频率、促进社交互动及激活个体已有的行为库。这些效应共同作用于个体，塑造其行为模式。

（5）自我效能感的关键作用：班杜拉特别重视自我效能感在个体行为中的作用。自我效能感是个体对自己能否成功执行某项任务的信念，它影响着个体对活动的选择、坚持性及对困难任务的态度。通过提高个体的自我效能感，可以促进新行为的习得和表现，并改善活动时的情绪状态。

综上所述，班杜拉的社会学习理论强调了个体、行为和环境之间的相互作用。在信息化时代，这种理论对于理解教育信息化环境对学生行为的影响及信息技术在教育教学中的作用具有重要意义。要培养信息化时代所需的人才，必须在信息化的环境中进行教育，充分利用技术来提高学生的观察学习能力和自我效能感。

（二）行为主义学习理论概述

行为主义学习理论主张，人类行为主要由操作条件反射所塑造。该理论的核心在于从操作条件反射的研究中提炼学习规律，并特别强调强化在行为塑造中的关键作用。通过总结强化原理和设置相应的程式，行为主义试图揭示如何通过特定的强化安排来有效塑造和改变行为。

以下是行为主义学习理论的基本观点的阐述：

（1）学习与刺激—反应关系：行为主义学习理论将学习看作是刺激（S）与反应（R）之间的直接联结。这意味着，特定的外部刺激会触发特定的行为反应。理论强调，通过控制刺激和强化反应，可以有效地塑造和改变行为。

（2）渐进的"试错"学习过程：学习并非一蹴而就，而是一个逐步尝试和纠正错误的过程。行为主义学习理论鼓励学习者采取小步前进的方式，从部分到整体地逐步认识和掌握新知识或技能。这种渐进的试错过程有助于学习者逐步建立起正确的反应模式。

（3）强化在学习中的核心作用：行为主义学习理论特别重视强化在行为塑造和学习成功中的关键作用。强化可以分为正强化（通过奖励来增强行为）和负强化（通过消除不愉快刺激来增强行为）。通过合理安排强化措施，可以有效地促进学习者形成和巩固正确的行为反应。

行为主义学习理论的特点在于它重视知识技能的学习和外部行为的研究。它强调通过控制环境和强化措施来塑造和改变行为，从而实现学习目标。这种理论对于理解学习过程和制定教学策略具有重要的指导意义。

（三）认知主义学习理论

认知主义学习理论强调，人的知识并非直接由外部环境赋予，而是个体内部心理过程与外部刺激相互作用的产物。学习过程被视作是学习者根据自己的态度、需求和兴趣，主动、有选择地对外部刺激进行信息加工的过程。这种加工过程类似于加涅所描述的信息加工模型，涉及多个阶段的认知处理，如图2-2所示。

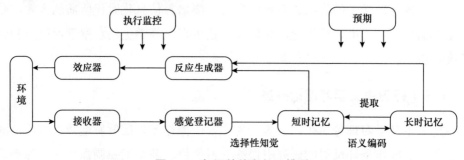

图2-2　加涅的信息加工模型

当学习者接收到来自环境的刺激时，这些刺激首先被转化为神经信息，并传送到感觉登记器，这是一个短暂的记忆存储区域。由于注意或选择性知觉的作用，部分信息被登记，而其他信息则很快消失。接着，被登记的信息迅速进入短时记忆，并在那里进行简单的处理，随后进入长时记忆。长时记忆是一个相对持久的信息库，信息在这里经过编码和组织，以备后续使用。

当需要提取信息时，学习者会检索长时记忆中的相关信息，这些信息可能直接导向反应生成器以产生反应，也可能再次回到短时记忆进行进一步处理。在这个过程中，预期（即学习目标）和执行监控（即认知策略）对学习效果产生重要影响。

认知主义学习理论的基本观点包括：

（1）学习的认知结构观：学习被视为认知结构的组织与再组织。只有当外部刺激被学习者同化到其现有的认知结构中时，才能引起对刺激的行为反应，即学习发生。这一过程可以用公式 S—AT—R 来表示，其中 S 代表刺激，A 代表同化，T 代表主体的认知结构，R 代表反应。

（2）信息加工的学习过程：学习过程被比喻为信息加工过程，人脑被视为一台复杂的计算机。通过建立学习过程的计算机模型，可以更好地解析和理解人的学习行为。

（3）学习依赖智力和理解：认知主义学习理论强调学习需要智力和理解的支持，而非盲目的尝试。认识事物首先要从整体上进行理解，整体理解存在问题时，学习任务将难以完成。

（四）人本主义学习理论概述

人本主义学习理论坚信学生是学习的核心和主体，他们天生具备学习的潜能。这一理论强调学生应得到充分的尊重和重视，因为任何正常的儿童都具备自我教育的能力。学习不仅是知识的积累，更是个人自我实现和人性丰富的过程。在学习过程中，人际关系被看作是一个至关重要的因素，它为学习创造了接纳和支持的氛围。

罗杰斯作为人本主义学习理论的代表人物，他对意义学习有着独特的见解。他认为，意义学习是建立在个人自主学习潜能的基础上，旨在促进个体的自由学习和自我实现。这种学习是学习者自主选择、认为具有生活和实践意义的知识经验的过程。它强调学习的自发性、自主性和自我驱动性，同时不受外界压力的束缚。在意义学习的过程中，认知、情感和个人发展交织在一起，共同促进学生的全面发展。这种学习使学生不仅在知识上有所收获，更在行为、态度、情感和个性等方面发生深刻的变化。

为了促进自由学习方法的实施，罗杰斯提出了十个方面的建议：构建与现实生活紧密相关的问题情境，提供丰富的学习资源，使用学习合约明确学习目标，利用社会资源扩展学习范围，鼓励同伴之间的互助教学，分组学习以促进合作与交流，通过探究训练培养学生的探索精神，利用程序教学实现个性化学习，建立交朋友小组以增进情感交流，以及引导学生进行自我评价以反思学习过程。这些策略共同构建了一个以学生为中心、注重个人发展和自我实现的学习环境。

（五）建构主义学习理论新解

建构主义学习理论作为认知主义学习理论的延伸与发展，它强调学生是学习过程中的主体，是知识意义的主动构建者。知识并非单纯由教师传授而来，而是学生在他人的协助下，借助学习资料，通过主动的意义建构过程获得的。

建构主义理论将学习视为一个动态的认知结构构建过程，正如皮亚杰所言，建构指的是认知结构不断演变和更新的过程。学习并不仅仅是获取更多的外部信息，而是形成更多关于事物认识的程序，即构建新的认知结构。这一过程包含了对知识的抽象和创造，是在原有认知结构基础上进行的创新。

皮亚杰指出，认知发展受三个核心过程的影响：同化、顺化和平衡。同化是个体主动选择和改变外部因素，将其纳入原有认知图式的过程。图式是个体对世界的认知、理解和思考的方式，是个体头脑中的认知结构或组织。当个体遇到新的刺激时，会尝试将其纳入原有的图式中，从而扩展原有的认知结构。

顺化则与同化相反，当个体原有的认知图式无法同化新的刺激时，就需要对原有图式进行调整或建立新的图式以适应新的环境。这意味着当个体遇到无法用原有图式理解的刺激时，会修改或重建图式以适应新的环境，实现认知结构的质的提升。

平衡是个体通过自我调节机制，使认知结构从一个平衡状态过渡到另一个平衡状态的过程。同化和顺化在图式的基础上发挥作用，推动旧图式的充实和更新，实现新的平衡。儿童的认知结构就是通过这种不断的同化和顺化过程，在平衡与不平衡的循环中逐步丰富、提高和发展。

简而言之，建构主义学习理论强调学生的主动性和知识的主动构建过程，认为学习是在个体与环境互动中，通过同化、顺化和平衡三个过程实现认知结构的不断发展和完善。

综合起来，建构主义学习理论的核心思想可以这样更详尽地阐述：

1．学生中心的学习体验

建构主义学习理论坚信，学生是学习活动的核心。这意味着在教育过程中，我们不仅要尊重学生的个人经验和知识背景，更要激发他们的首创精神，鼓励他们将所学知识外化，通过实践来检验和深化理解。同时，学生应该被赋予自我反馈的机会，让他们能够在学习过程中自我评估和调整学习策略。

2．情境学习的重要性

知识不是孤立存在的，而是与特定的社会文化背景和情境紧密相连。因此，建构主义学习理论强调在实际情境中学习的重要性。在这样的环境中，学习者可以利用已有的知识和经验来理解和吸收新知识，在同化和索引的过程中，赋予新知识以实际的意义和价值。这种情境学习的方式有助于学习者更好地理解和应用所学知识。

3．协作学习的关键作用

建构主义学习理论强调学习者与周围环境之间的交互作用对于意义建构的重要性。协作学习是实现这种交互作用的关键方式之一。在协作学习中，学习者可以共同讨论和交流，通过批判性思维来协商和讨论各种理论、观点、信仰和假说。这样的学习方式不仅可以促进知识的共享和理解，还能够培养学生的团队协作和沟通能力，有助于建立学习群体中的共识和共享的意义。

4．学习环境的设计

与传统的教学环境不同，建构主义学习理论强调学习环境的设计。学习环境是一个支持和促进学习的场所，它应该提供学习者进行自由探索和自主学习的机会。在这样的环境中，学习者可以利用各种工具和信息资源来实现自己的学习目标。学习环境的设计应该关注学习者的需求和兴趣，提供多样化的学习资源和支持，以促进学习者的主动探索和意义建构。

5．资源的多样性与学习的支持

建构主义学习理论认为，学习资源在学习过程中扮演着重要的角色。为了支持学习者的主动探索和意义建构，我们应该提供各种形式的资源来支持"学"而非仅仅支持"教"。这些资源可以包括文字材料、数值、音像资料、计算机辅助教学课件及互联网上的信息等。通过提供多样化的学习资源，我们可以帮助学习者更好地理解和应用所学知识，促进他们的全面发展。

6. 意义建构作为学习的终极目标

在传统的教学设计中，教学目标通常被视为至高无上的指导原则，它既是教学过程的起点，也是教学过程的终点。然而，在建构主义学习理论的框架下，我们重新审视了学习过程的本质和目标。在这里，学生被赋予了核心地位，他们被视为认知的主体，是意义的主动建构者。这意味着，学生对于知识的理解和构建，而不仅仅是知识的积累，成为整个学习过程的最终追求。

情境、协作、会话和意义建构，这四个要素共同构成了建构主义学习环境的核心。它们相互交织，共同促进了学生知识的形成和发展。在这样的学习环境中，学生被鼓励在真实情境中学习和探索，与同伴进行协作和交流，通过会话和讨论来深化对知识的理解和应用，最终完成意义建构。

在建构主义学习理论的指导下，三种教学方法——支架式教学、抛锚式教学和随机进入式教学——被广泛应用于教学实践中。

（1）支架式教学：这种方法强调教师为学生搭建一个学习的"脚手架"，即一个解决问题的概念框架。教师通过逐步引导和启发，帮助学生沿着这个框架逐渐攀升，最终达到独立解决问题的水平。

（2）抛锚式教学：这种方法以真实的问题或情境为基础，鼓励学生自主地去探索、体验和解决问题。教师提供必要的线索和资源，引导学生进行深入的研究和学习，从而培养他们的问题解决能力和实践能力。

（3）随机进入式教学：这种方法强调从多个角度和层面呈现知识的复杂性和多面性。学生可以通过不同的途径和方式多次进入同一学习内容，从而实现对知识的全面而深刻的理解。这种方法有助于提高学生的理解能力、思维能力和知识的迁移运用能力。

在建构主义学习理论的指导下，教师的角色也发生了转变。他们不再是单纯的知识传授者，而是学生的帮助者和引导者。他们为学生提供有利于意义建构的学习环境，包括制作学习软件、提供学习指导和执行教学计划等。同时，教师也要关注教学目标与意义建构之间的平衡，确保学生在完成教学目标的同时，也能实现知识的意义建构。

在职业教育领域，学习和教学过程尤为复杂。不同的学习理论都有其独特的价值和应用场景。因此，在具体的教学过程中，我们应该根据实际需要选用恰当的学习理论进行指导，使教育技术真正能够优化教育教学效果。同时，我们也要意识到，任何一种理论都不能完全概括教学和学习的所有规律，我们需要不断学习和探索，以更好地适应职业教育的发展需求。

三、系统科学理论

系统科学，作为一种以系统思想为核心的科学体系，涵盖了控制论、信息论和系统论等多个分支。近年来，随着教育领域对教学方法和效果的持续探索，系统科学的学习原理开始被广泛应用于教育系统的深度分析与课堂教学过程的各个环节。这一理论体系的引入，为教育系统设计提供了强有力的指导。

系统科学理论中的三个相关概念——系统、要素和环境，以及三个基本原理——整体性、动态性和最优化，对教育系统设计有着直接的启示和引导作用。

（一）系统科学概念

1．系统与要素

系统是指由相互联系、相互作用的两个以上要素构成的具有特定功能的有机整体。

要素是系统中的主要元素，是系统的主要组成部分。要素以其特有的功能保证系统功能的实现，是完成系统某种功能的最小单元。系统的要素共存于系统之中，它们是相互依存、缺一不可的。系统中各要素的关系是对立统一的关系。系统包括要素，要素是系统的组成部分；没有要素就没有系统，反之没有系统也就没有要素。没有孤立的系统或要素。

要素与系统在一定的条件下可以相互转化，即在不同的层次上可以相互转化，如图2-3所示。

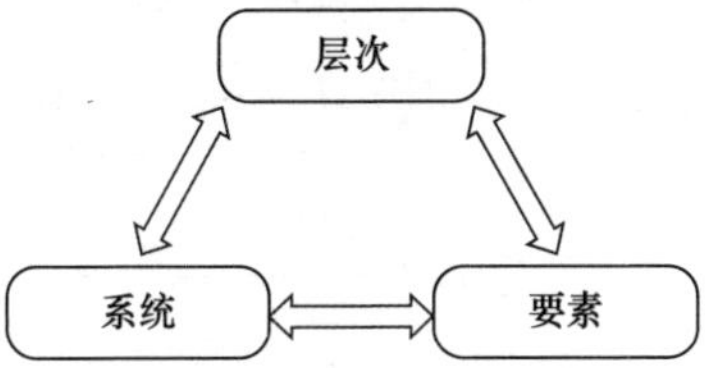

图 2-3　系统与要素的关系

2．系统构成与作用

系统内部各要素之间的相互关系和相互作用方式构成了系统的结构，这种结构塑造了系统的特征。不同的结构决定了系统中的功能要素如何发挥作用。

系统的功能是指它在特定环境下能够实现的效用和目的，这不仅仅基于系统内部各要素的单独作用，更基于要素之间的相互关系和结构。

结构和功能是相互依存、相互影响且相互制约的。没有结构就无法实现功能，功能总是由结构所决定，同时结构也反映了功能的形态。它们相互作用，结构影响功能，功能也会反过来影响结构。当系统结构发生显著变化时，可能会催生系统新的功能；反之，当系统功能达到一定程度时，也可能引发结构的变革。

3．动态变化与静态表现

系统中状态的连续变化即为过程，而过程在特定时间点上的表现即为状态。状态代表了系统的稳定性，是过程发展的结果；过程体现了系统的变化性，是连续状态的串联。状态的变化累积形成了过程。状态与过程是紧密相连、不可分割的，不存在没有过程的状态，同样也不存在没有状态的过程。它们相互依赖，相互作用。系统的状态对过程有决定性影响，同时过程也塑造着新的状态，它们相互作用，形成一个循环，相互制约。要全面研究系统，就必须将状态与过程结合起来，通过过程来理解状态，通过状态来洞察过程。

（二）系统科学的核心原则

1．反馈机制

反馈是实现系统控制的基本手段和过程。通过将系统先前的控制效果信息重新输入系统，这些信息随后用于评估当前控制状态，并作为未来控制调整的依据，这个过程称为反馈，如图2-4所示。

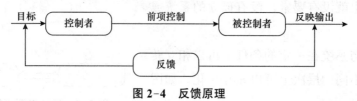

图2-4　反馈原理

只有通过反馈机制，系统才能进行有效的自我调节，以实现预定的控制目标。所有完整的控制系统都包含一个信息循环回路，缺少反馈环节的系统无法完成自我控制。例如，在教育领域，要判断是否达到了既定的教育目标，就需要及时掌握当前教育的实际情况，识别实际与目标之间的差异，并据此调整教育策略。

2．系统整体性原则

一个系统之所以能发挥其功能，是因为它的所有组成部分通过相互联系和相互作用形成了一个协调一致的整体。系统的总功能不仅仅是各单独部分功能的累加，还包括这些部分相互作用产生的综合效益。

$$E_{整体} = \sum E_{部分} + E_{联系}$$

在教学实践中，可以采用整体—部分—整体的策略，即不仅要教授学科的具体知识点，还要强调知识点之间的内在联系，帮助学生构建起对学科的全面理解。这意味着教学不仅要涵盖各个知识点，还要让学生理解这些知识点之间的联系，以及它们如何共同构成学科的完整框架，包括它们与其他学科的关联。

在教育技术的应用上，我们不能仅仅关注单一媒体或技术的作用，而应该从宏观和整体的视角出发，综合考虑不同教育技术工具如何协同工作，以实现教育目标。

3．有序性原则

系统的有序性是通过开放性、内部的动态变化及非平衡状态来实现的。只有当系统与外部环境进行物质、能量和信息的交换时，系统的组织化程度才能提高，从而实现从较低级的结构向更高级结构的转变，并提升系统的功能。系统的有序化，即系统组织度的增加和由混乱状态向有序状态的发展，是系统演化的自然趋势。涨落是指系统内部因素导致的对稳定状态的偏差，而系统的非平衡状态正是有序的根源。

在认知发展中，正是关键点上的动态变化促成了认知的突破，激发了直觉、灵感和顿悟。皮亚杰的认知发展理论中的同化与顺化，正是非平衡状态下的两种表现形式，通过这两种过程，个体获得新的图式和认知上的突破，从而实现从非平衡到平衡的过渡，如图 2-5 所示。

图 2-5　有序与图式

另一方面，学习过程本身也是一个由浅入深、由低到高的有序开放系统。大脑的思维活动是大脑内不同认知子系统间信息交换的有序过程。因此，有效的学习需要积极的思考、交流与合作，吸收和利用来自不同来源的有益信息，并在知识的应用过程中不断纠正错误，优化学习方法，从而使个人的认知结构更加有序，相应地，表现出来的能力也会越来越强。

四、教育传播的理念

传播是社会中信息交流的基本方式，指的是人们通过各种媒介将信息从源头传递给接收者的活动。

（一）教育传播的类型

传播可以被划分为两大类别：大众传播和人际传播。根据传播的内容，又可以进一步细分为：新闻传播、教育传播、经济传播、娱乐传播、科技成果传播和服务信息传播等。

传播过程实际上是一个涉及信息存储与交换的复杂活动。为了深入理解这一过程的复杂性，研究者们通常会首先将传播过程分解为多个基本构成要素。然后，他们会分析这些要素在传播过程中的角色和功能，以及它们之间的相互关系和影响，通过这种方式构建出多种传播模型，例如拉斯韦尔模型、香农—韦弗模型、施拉姆模型、贝罗模型等。

1. 拉斯韦尔模式

拉斯韦尔模式（也叫 5W 模式），拉斯韦尔提出的传播模型采用五个基本要素来描述传播活动，将其视为一个直接向前的单向流程，这种模型为理解和分析教学传递过程提供了洞见，如图 2-6 所示。

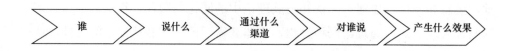

图 2-6　拉斯韦尔模式

2. 香农 - 韦弗模式

香农 - 韦弗模式，如图 2-7 所示，将传播过程简化为一个单向直线序列，包括六个主要组成部分：信息的起点、信号发射装置、传输介质、信号接收装置、信息接收者，以及可能干扰传播过程的噪声。模型中强调了编码和解码在发射和接收过程中的重要性，并指出了噪声对信息传递可能造成的干扰。

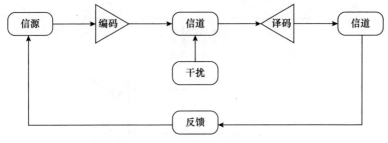

图 2-7　香农 - 韦弗模式

3．香农 - 施拉姆模式

施拉姆在香农的传播模型基础上增加了反馈环节，并强调了信息发送者和接收者之间共享经验的重要性，认为这是完成有效传播的关键。

4．施拉姆模式

施拉姆的循环传播模式凸显了传播过程中的双向互动特性。在此模式中，传播者和接受者的角色并非固定不变，而是根据交流的需要，双方都在进行信息的编码（将思想转化为可传递的符号）和译码（将接收到的符号解码回原始的思想或意义）。

施拉姆模式展示了传播是一个循环的过程，其中传播者和接受者都在不断地交换信息，并且都扮演着发送者和接收者的双重角色。这种模式强调了传播的双向性、互动性和相互理解的重要性。在传播过程中，双方都需要运用各自的知识和技能来进行有效的编码和译码，以确保信息的准确传递和理解，如图2-8所示。

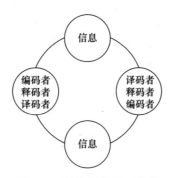

图 2-8　施拉姆的循环模式

5．贝罗模式

贝罗的传播模式（也叫 SMCR 模式）将传播活动分解为四个核心组成部分：信息源、信息、通道和接收者，如图2-9所示。

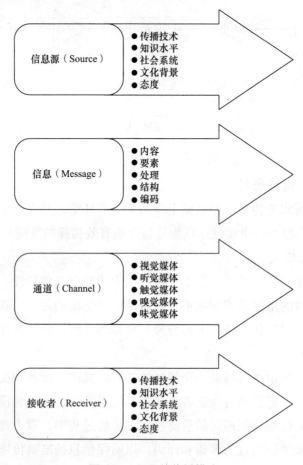

图 2-9　贝罗的传播模式

信息源和接收者：影响信息源和接收者的主要因素是他们的传播技术、态度、知识水平、社会系统以及他们的文化背景。

信息：影响信息的因素有符号、内容、处理等。

通道：指传播信息的各种媒体，包括视觉媒体、听觉媒体、触觉媒体、嗅觉媒体、味觉媒体。

贝罗模型着重于描述传播活动中各元素的基本属性和作用。

（二）教师在教育传播中的角色与职责

作为信息的发送者，教师在教育传播的过程中扮演着信息源头的角色，其核心职责包括创造教学内容、对这些内容进行有效编码，以及对反馈进行处理。

1．创造教学内容

依据教学目标，挑选和汇总适宜的信息，然后以学生能够轻松理解的格式来安排和构建教学资源和课程材料。

2．教学内容的编码

将教学知识转化为可以传达的信号形式，以便于学生接收，例如，将教学内容转化为语音、文字、图片、表格等多种形式的信号。

3．处理教学反馈

当学生将他们接收到的信息及对信息的反应回馈给教师时，教师需要对这些反应进行解读和分析，随后将教学效果的反馈信息再次传递给学生，并调整和优化教学方法。

（三）决定传播效率的要素

在传播的流程中，影响信息发送者和接收者传播效率的要素主要分为两大类。

1．传播技术

传播技术既包括口头和书面的语言交流技巧，也包括通过肢体动作、情感和姿态等非语言方式进行沟通的能力。教师在教学传播中的成功，很大程度上依赖于他们掌握的这些传播技术。

2．心理因素

影响信息发送者和接收者传播效率的心理因素包括：个人的自我认知、对教学内容的态度，以及对对方的观感。这涉及传播者（接收者）对自己能力的自信、对学科的兴趣和重视，对对方的尊重和认可。这些心理因素对传播效率有着重要的影响。比如，教师对学生的看法会直接影响他们与学生之间的信息传递效果。

总体而言，教育教学活动可以被视为一种信息传播活动，通过应用传播理论，我们能够更清晰地揭示教学系统中各要素之间的联系，并阐释教学中信息传递的机制。教育传播即是在既定教育目标下，利用教学媒介向学习者传递教育信息的过程。

第三章

数字时代教师职业素养的提升方法

第一节　课件设计与制作

一、课件设计与制作技巧

（一）构建清晰易懂的演示结构

设计 PPT 课件时，首先要对教学内容进行分析，明确教学内容之间的关系，通过对教学内容归纳或演绎找到解决问题或展望问题的逻辑关系，如图 3-1 所示。

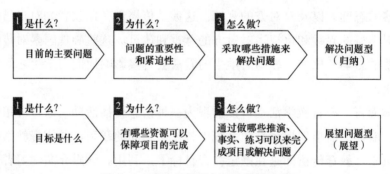

1 是什么？　目前的主要问题

2 为什么？　问题的重要性和紧迫性

3 怎么做？　采取哪些措施来解决问题

解决问题型（归纳）

1 是什么？　目标是什么

2 为什么？　有哪些资源可以保障项目的完成

3 怎么做？　通过做哪些推演、事实、练习可以来完成项目或解决问题

展望问题型（展望）

图 3-1　项目或问题分析过程示意图

对教学内容进行分析后，设计 PPT 课件时就要将这些教学内容结构化地表达出来。PPT 的结构化表达一般有四个原则：自上而下表达、层次清晰表达、结构简单表达和重点突出表达，如图 3-2 所示。

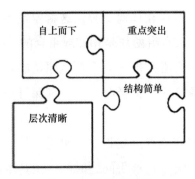

图 3-2 演示结构图

1. 自上而下表达原则

自上而下表达原则是先从结论讲起，说明问题的全貌，直接说明中心思想，典型的自上而下的问题阐述，如图 3-3 所示。

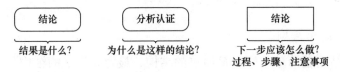

图 3-3 自上而下表达框图

有时也会用到自下而上进行问题分类总结归纳的表达方式，如图 3-4 所示。

图 3-4 自下而上表达框图

2. 层次清晰表达原则

层次清晰表达原则，简而言之，就是要求我们在阐述复杂议题时，应确保内容条理分明，避免信息的冗余或遗漏。这一原则的核心在于如何对一个重大议题进行全面而系统的分类。当我们能够确保所讨论的内容既不重叠又无遗漏时，我们也就真正做到了"完全穷尽，相互独立"，即 MECE 原则。

MECE，是 mutually exclusive, collectively exhaustive（相互独立，完全穷尽）的缩写，这一原则强调在将某个整体问题或概念进行拆分时，拆分后的各个部分必须满足以下两个条件：

第一，各部分之间必须是相互独立的，也就是说，这些部分在同一逻辑维度上应当有明确的区分，不存在任何重叠。这就像是将一个蛋糕均匀地切成几块，每一块都是独立的，没有哪两块是相交或重合的。

第二，这些部分的集合必须能够完全覆盖原始的整体问题或概念，即所谓的"完全穷尽"。这就像是切分蛋糕时，必须确保每一块蛋糕加起来正好是整个蛋糕，不多也不少。

MECE 原则是麦肯锡咨询顾问巴巴拉·明托在其著名的"金字塔原理"中提出的，它已经成为麦肯锡公司解决问题时的一条基本准则。在实际操作中，这一原则指导我们如何将一个复杂的问题或项目拆解成若干个更小的、更易于管理的子问题或任务。在这个拆解过程中，我们必须严格遵守完整性和独立性两大原则，确保每个子问题或任务都被考虑到，同时它们之间又不会相互干扰或重叠。这样，我们就能更有效地找到问题的核心，并提出切实可行的解决方案。

3. 结构简单原则

表达的结构越简单越好。最简单的结构、最容易记忆的结构是"三"，将一个中心议题从三个方面进行展开，使"三点"有清晰的逻辑关系，然后使用 MECE 原则检验这三点是否正确，如图 3-5 所示。

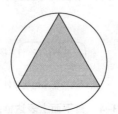

图 3-5　三点结构示意图

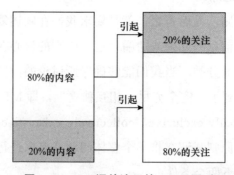

图 3-6　PPT 课件演示的 80/20 原则

4．重点突出原则

PPT 课件演示的 80/20 原则（也称"二八"原则），是指 80% 的内容引起了 20% 的人注意，20% 的内容引起了 80% 的人注意，如图 3-6 所示。因此，演示或表达时要抓住问题的关键，将最想传递的知识重点突出表现，不要试图面面俱到或在有限的时间内传递过多的知识内容。

重点突出原则的核心是"突出重点"，关注"关键的少数"。PPT 课件设计时要明确哪些内容是最希望学生知道的、最希望学生记住的、最想向学生传递的，让这些内容引人注意。因此，可以在 PPT 的正文加上摘要，每一页 PPT、每一个图形表格要有非常清晰的重点表达，避免过多的动画、过多的动画切换和短时间内传递大量信息。

（二）突破思维制作 PPT 课件

在现代教育教学中，PPT 课件已成为一种重要的辅助教学工具。然而，要制作出真正优秀、能够提升教学效果的 PPT 课件，并非易事。以下，我们将详细探讨如何突破传统思维，制作更具创意和实效的 PPT 课件。

1．PPT 课件绝非简单的文字堆砌

PPT 课件并不仅仅是文字的堆砌。如果我们将大量的文字直接复制到 PPT 上，那么这样的课件其实已经失去了其作为"课件"的意义，而更像是一份讲稿。教师在面对这样的课件时，很容易陷入背对学生、面对屏幕朗读文字的窘境。这样的教学方式既平淡无奇，又缺乏生动性，更难以谈及说服力和教学效果。

因此，在制作 PPT 课件时，教师应将高度抽象的教学内容转化为自己的语言，进行精练的表述，并建立起清晰的教学逻辑关系。精练的教学内容更易于学生记忆和理解。为了实现这一目标，教师需要改变过去那种简单的"复制、粘贴"制作方式，而是投入更多的精力去提炼和总结教学内容。在课堂教学中，教师应避免带着学生大段大段地朗读 PPT 中的文字，这是教学中的大忌。我们要始终牢记，PPT 课件只是辅助教学的工具，课堂上真正的主角永远是教师。

2．图片表格让 PPT 课件更具说服力

在教学中，我们经常会遇到大量的数据。为了让这些数据更好地为教学服务并体现教师的教学目的，数据的表达方式就显得尤为重要。常见的图片类

型包括柱图、饼图、线状图以及雷达图等。将这些图片、表格恰当地融入课件中，可以让课件中的数据变得更加直观和有趣。

此外，表格也是一种非常实用的表达方式。它的优势在于能够进行直观的对比。通过对比数字或观点，我们可以更加鲜明有力地论证自己的观点。对于绝对数字和简单明了的分类信息来说，使用表格来进行表达是非常合适的。需要注意的是，在使用表格进行表达时，我们一般不需要使用完整的句子，因为表格本身并不适合承载太多的文字内容。因此，我们需要对表格中的内容进行适当的提炼和处理。

3. 精练的 PPT 课件才是教学的精华

在课堂教学过程中，并非讲得越多、时间越长，教学效果就越好。相反地，教师需要将教学的核心内容精练地提取出来，并将其呈现在 PPT 课件中。特别是对于学生容易感到困惑的地方，更应在课件中给予重点突出。

这就要求教师去认真分析哪些内容是教学的重点、难点，哪些内容是学生最为关心的，以及哪些内容最能体现教师的教学目的等。通过对课件的浓缩处理，我们可以确保 PPT 中只包含教学的要点、重点和难点。这样一来，教师就可以腾出更多的时间和空间来在课堂上展示自己的教学魅力，并与学生进行更深入的交流和互动。

4. PPT 课件中应建立清晰的教学导航

PPT 演示存在一个明显的弱点，那就是容易让人迷失思路。因为 PPT 是一页一页地展示，观众一次只能看到一页内容，前面的内容只能靠记忆来回想。如果教学内容再加以抽象化，缺乏逻辑思维的 PPT 课件只会让学生感到迷茫。

为了解决这个问题，我们需要在 PPT 课件中建立起明确的教学导航关系，加强前后页面之间的逻辑联系。一个完整的 PPT 应该包括封面、前言或概述、目录、切换页、正文页及结尾页等基本的框架结构。同时，每一页 PPT 上都应设有明确的标题，以清晰地展示教学的进度。此外，加上页码也能更好地帮助教师或学生定位当前的教学位置。

5. 精美的设计让 PPT 课件更出众

除了需要包含精练的文字、清晰的教学导航及图文并茂的内容外，一个经过精心设计的 PPT 课件还可以赢得学生的好感和认可。人们总是存在某种程度的偏见，比如精美的设计、漂亮的色彩等往往会给人留下专业、认真和可信的印象。因此，一个经过精心设计的 PPT 课件中的教学内容自然也会得到相应的提升和认可。

为了实现这一目标，我们需要善用各种教学素材并掌握一些基本的排版规律。同时，多看一些精美的 PPT 作品也能为我们提供不少灵感和启发。但我们要坚决反对在 PPT 课件中滥用过多的色彩、动画或与教学内容无关的图片等元素。我们要确保每一张图片、每一页版面都能为教学内容服务并发挥其应有的价值。

6. 动画效果助力 PPT 课件突破传统教学

PPT 中的动画效果是一种极具表现力的多媒体艺术手段。当动画得到恰当运用时，它不仅可以让 PPT 变得更加生动有趣，还能为学生创造出无限的想象空间。更重要的是，动画能够帮助我们全方位地展示那些在传统课堂教学中难以表现或表述的内容。这种突破传统的教学方式可以显著提升教学效果和学生的学习体验。

为了实现这一目标，我们需要积极寻找和积累那些能够体现教学内容的动画教学组件。同时，教师还应该学会并掌握 PPT 制作中的一些基本逻辑动画技巧。然而，我们也需要注意避免滥用或错用动画效果。因为不当的动画使用不仅无法有效地传达核心信息，还可能让人眼花缭乱、分散注意力并打乱正常的教学节奏。我们要明确一点：PPT 课件是教师传达教学信息的辅助工具，它应该为教学活动服务，而不是为了展示 PPT 软件的新颖功能而存在。

（三）课件注意事宜

在现代教学环境中，PPT 课件已经成为教师不可或缺的教学辅助工具。根据其使用场合，PPT 课件主要可以分为两种类型：演示用和阅读用。演示用的 PPT 课件，主要用于理清教学思路，在讲课或讲解方案时起到视觉辅助的作用。在这类课件中，文字内容应简洁明了，主要呈现提纲挈领的信息，而具体的细节和展开则依赖教师在课堂上的实时讲解。过多的文字会分散学生的注意力，将课堂教学变相成为阅读活动，从而影响教学效果。相比之下，阅读用的 PPT 课件则可以更为详细，排版和布局也可以更为美观，以给读者留下深刻印象。

鉴于 PPT 课件在教学中的重要性，制作时需要考虑多个方面以确保其有效性和吸引力。以下是在制作PPT课件时应特别注意的六个方面。

1. 合理布局，结构化呈现

每张幻灯片的布局都应合理规划，保持上下有一定的空间余量，使整个页面看起来均衡和谐。一个完整的PPT课件应包含标题页、正文内容和结束页等部分，通过这些部分的合理安排来体现教学的逻辑结构。同时，整个课件的长度也应适中，既要保证内容的完整性又要避免冗长拖沓，做到简约而不简单。完成制作后，建议切换到"浏览视图"来整体检查课件的完整性和连贯性。

2. 明确教学的目标对象

在制作PPT课件之前，首先要明确课件的目标受众。不同的受众群体有不同的需求和期望，因此课件的内容和呈现方式也应有所不同。例如，是针对小学生的科学课，还是针对大学生的高级研讨会，或者是面向企业员工的培训？此外，还要明确PPT的使用场合：是一对一的教学辅导，还是一对多的课堂讲授，抑或公开的学术演讲？不同类型的PPT，其制作策略和重点也会有所不同。

更重要的是，教师应始终站在学生的角度去思考。教学活动本质上是一个教师与学生之间沟通、交流和知识传递的过程。在设计课件时，教师需要预见到学生在学习每个知识点时可能产生的问题或疑问，并将这些元素融入课件中，以便在教学时能够适时解答，从而提升课件的说服力和教学效果。

3. 逻辑清晰，增强说服力

PPT课件应具备清晰、简洁的逻辑结构。对于教学用的PPT，最好采用"并列"或"递进"两类逻辑关系来组织内容。通过合理使用标题和编号来标明课件的整体结构和各个部分之间的关系，但建议不要超过三层纵深，以免造成学生的理解困难。

在演示过程中，尽量按顺序播放幻灯片，避免频繁地回放，以免打乱学生的思路。如果确实需要回顾之前的内容，建议使用超链接来实现快速跳转。同时，在每章节之间插入标题幻灯片，可以帮助学生清晰地划分知识模块，重启他们的思维记忆。

4. 形成个性风格，加强记忆点

通过设定统一的母版来定义PPT的整体风格。在教学应用中，一般建议采用相对保守且专业的风格。其中最重要的是保持简洁明了：尽量减少文字量，多用图片和表格来展示信息；避免使用复杂的背景图案以突出文字内容；同时，图片和表格的表达也应与教学内容紧密相关，避免使用无关的动画和声音效果。

5．动静结合的演示方式

关于在 PPT 课件中加入动画效果的问题一直存在争议。有些教师认为 PPT 仅需作为静态的图片和文字展示工具即可；而另一些教师则倾向于利用动画效果来增强课件的生动性和趣味性。实际上，动画在 PPT 中的运用并不仅仅是为了让页面动起来那么简单，更重要的是要通过动画来传递教学信息、丰富教师的表达方式并提升整体的教学效果。因此，在使用动画时应注重其与教学内容的结合度和呈现方式的选择。

6．注重颜色搭配与视觉效果

在整个 PPT 课件中，建议使用的颜色种类不要超过四种，并且这些颜色在色相和色调上应保持协调统一。为了突出重点内容并吸引学生的注意力，可以使用鲜艳的色彩来标记需要强调的教学部分。同时，前景与背景的颜色对比应足够明显以增强视觉冲击力。

（四）课件的逻辑性

什么是 PPT 课件的逻辑？教学用 PPT 课件的逻辑就是一位教师在教学中演示 PPT 时希望学生先看到什么，后看到什么，重点看到什么。

在设计 PPT 课件时，我们会认真研究涉及的所有教学素材（如数字、流程、论点、论据、图片、表格、因果关系、顺序等），研究如何利用这些素材的逻辑关系来支持或表达教学过程，实现教师与学生的沟通，达到传递知识的目的。但许多人虽然花费了大量的精力收集这些素材，却忽略了如何组织这些素材建立清晰的知识传递的逻辑关系或表达层次。PPT 课件建立逻辑关系的方法很多，用得最多的是金字塔原理，如图 3-7 所示。设计 PPT 课件时一定要明白，我们要在 PPT 课件中要表达什么，怎么去表达。

例如，葡萄、橘子、酸奶、土豆、苹果、牛奶、鸡蛋、胡萝卜、黄油等食品，可以采用如图 3-8 所示的分类来体现食品的逻辑关系。

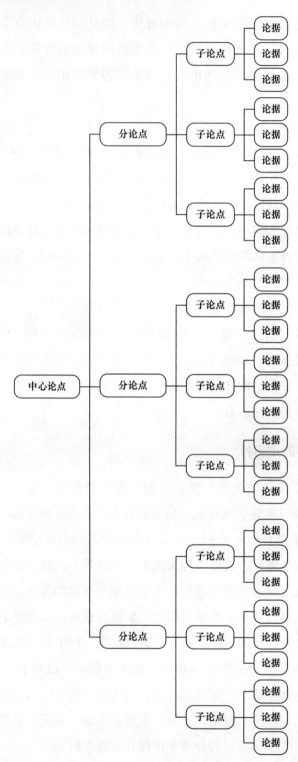

图 3-7　金字塔原理图

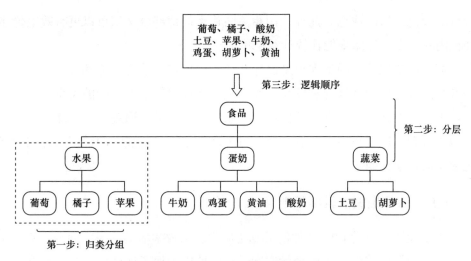

图 3-8　金字塔原理构建案例图

在设计 PPT 课件时，教师需要设身处地地从学生的视角出发，深入思考几个关键问题。首先，课件是否明确提出了一个具有教学价值的问题或假设，这是激发学生兴趣、引导他们进入学习状态的关键。一个好的问题或假设，不仅能够吸引学生的注意力，还能为接下来的教学内容奠定基调。

其次，教师应该考虑课件中是否提供了清晰、有逻辑的问题解决方法。这种方法应该是由浅入深的，能够引导学生逐步深入理解问题，并最终找到解决方案。这样的设计有助于学生形成系统的思维模式，提高他们的问题解决能力。

最后，教师还需要思考如何衡量学生是否成功解决了问题。这需要一个明确且可操作的评判标准或方法。通过设定这样的标准，教师可以及时了解学生的学习效果，以便调整教学策略。

在明确了这些问题后，教师可以采用以下三种方法来清晰地表达教学内容的逻辑关系，从而设计出更具说服力和教学效果的 PPT 课件。

第一，教师可以先用笔在纸上勾画出课件的大致提纲和框架。这个过程包括确定整个课件分为几个部分，每个部分又包含哪些要点，以及这些要点之间如何通过逻辑关系相互连接。同时，教师还需要明确每一张幻灯片的具体内容和展示目标，从而形成一个完整且有条理的逻辑结构图。

第二，注重内容的展现形式也是关键。文字内容应该简洁明了，能够由浅入深地表达教学要点。对于需要学生思考的问题，可以使用问号等特殊符号或醒目的颜色来引起注意。此外，用相关图片来代替部分文字可以更有效地传递知识内容，而统计图则能让统计结果更加直观易懂。

第三，知识关系的呈现也是设计PPT课件时需要注意的方面。教师可以根据教学内容的特点选择递进关系或并列关系来展现知识点之间的关系。重要的是，不仅要在课件中建立起这些逻辑关系，还要让学生通过幻灯片能够一目了然地"看到"这些逻辑。只有这样，PPT课件才能具备强大的说服力，成为真正成功的教学辅助工具。

（五）课件遵循的教学原则

为了让课堂上的PPT课件能够真正成为教师教学活动的得力助手，其制作过程中必须严格遵循一系列教学原则。这些原则确保了课件不仅具有高度的教育性，还能有效地促进学生的学习。从教育学、教学法及教育技术的综合角度出发，以下是制作PPT课件时应遵循的五大原则。

1. 操作性

教育应注重培养学生的思维敏捷性、感悟力和直觉。因此，PPT课件的设计应简洁明了，能够迅速传达核心概念、重要原理和基本方法。通过案例分析和解决实际问题的思路展示，以最精炼的方式向学生传授知识。这就要求课件具有明确的教学目的、清晰的教学逻辑及具有感染力的说服方式，从而提高学生的参与度和学习效果。

2. 教学性

PPT课件的首要任务是服务于教学目标。教师在制作课件时，应始终牢记教学规律和学生的认知规律，避免使用过于猎奇或分散注意力的动画、声音和颜色。每一种设计元素——无论是文字、图片、声音、色彩还是动画，都应紧密结合教学内容和教学需求。这样，PPT课件就能在教学中发挥出最佳效果，既提升了课堂的现代化水平，又使教学过程更加轻松愉快。

3. 科学性

科学性是PPT课件制作的基石。课件中绝不能出现科学性或学科性的错误，这会对学生的知识体系造成误导，其影响远远超出一般的教学失误。因此，教师在委托他人制作动画或借鉴他人课件时，必须严格审查内容的科学性。同时，课件的设计也要符合学生的认知规律，科学地运用各种视觉和听觉元素，以激发学生的学习兴趣，优化课堂教学效果。

4. 辅助性

PPT课件始终是课堂教学的辅助工具，它不能替代教师的主导作用。教师是知识的传授者、课堂的组织者和学生情感的引导者。过度依赖PPT课件可能会使课堂教学失去灵魂，导致教育技术的引入未给课堂带来预期的活力。因此，教师必须明确课件的辅助性地位，将其视为提升教学效果的一种手段，而非替代自己教学的主角。只有当教师充分认识到这一点，PPT课件才能真正成为活跃课堂气氛、提高教学效果的有效工具，而不是为了追求时尚或减轻教学负担的权宜之计。

5. 交互性

教师成了知识的化身，学生成了知识的奴隶，教学成了知识的灌输，这是目前一些课堂教学的普遍现象，这样制作出的PPT课件就很容易成为"填鸭式"教育的工具，千万不要让我们的教学让学生学会了不提问题，让学生失去创造性思维。

PPT课件从本质上说是对教学内容进行数字化处理和交互式处理。制作PPT课件多用启发式，提问式或基于问题解决方案进行设计，遵循教学内容的逻辑关系和教学规律，控制演示速度，分步提示启发，让学生真正参与到教学活动中来。

（六）应用五步法设计制作课件

PPT教学课件的构思与设计应该立足于整个教材或教学内容的高度，将教学规律、教学方法，教学手段和教育技术充分应用在PPT课件里，利用好超级链接和导航功能等才能制作出好的PPT课件。

多数人制作PPT课件时，首选打开PowerPoint软件后"填鸭式"地将教学内容全部放在PPT里，缺乏教学构思，教学逻辑分析和教学内容的提炼，这样的PPT课件必然缺乏说服力，教学效果差。

制作PPT课件时不要急于打开PowerPoint软件，首先应熟悉教学内容，了解你的学生，根据教学目标和需求分析，理清教学内容和呈现表达的教学逻辑关系，对课件的结构进行构思设计，准备和搜集制作PPT课件所需文字、图片、表格、音视频等教学素材，这时再打开PowerPoint软件制作PPT课件。归纳起来，设计制作PPT课件可以分为五个步骤，如图3-9和图3-10所示。

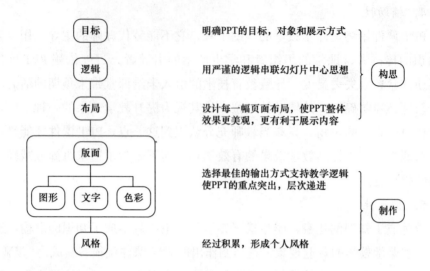

图 3-9　五步法制作 PPT 课件

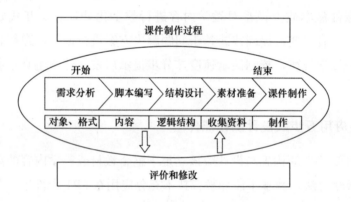

图 3-10　五步法制作 PPT 课件过程

　　PPT 课件制作完成后，在自己的电脑上放映一下，仔细检查教学内容和素材的正确性、演示过程动画和逻辑关系的正确性，在课堂教学中使用后，应对课件进行评价和修改，以不断优化课件，以备下一次教学使用。

（七）课件中的图形表达方式

　　制作 PPT 时有句名言："能用图，不用表；能用表，不用字。"说明了图形在 PPT 课件设计中的重要性，图形能够使表达形象化，分析结构化和突出重点，如图 3-11 所示。

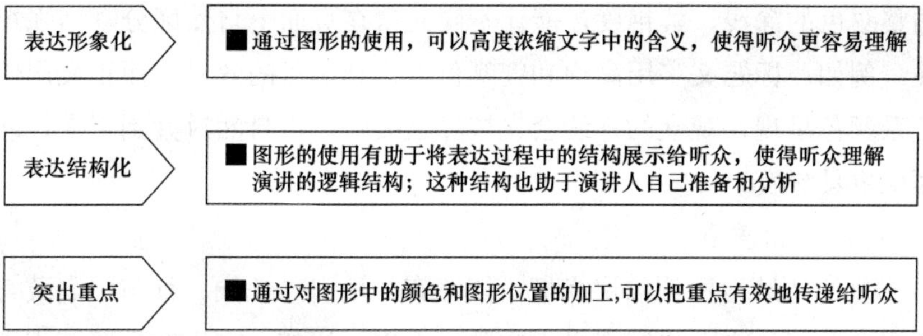

表达形象化	■ 通过图形的使用，可以高度浓缩文字中的含义，使得听众更容易理解
表达结构化	■ 图形的使用有助于将表达过程中的结构展示给听众，使得听众理解演讲的逻辑结构；这种结构也助于演讲人自己准备和分析
突出重点	■ 通过对图形中的颜色和图形位置的加工,可以把重点有效地传递给听众

图 3-11 图形在 PPT 中的优点

PPT 课件中的图形一般分为三类：概念图、数据图和比喻图。

1．概念图

概念图能够达到分类、对比和强调的效果，主要包括顺序关系、并列关系和包含关系。

2．数据图

数据图能够达到事实表达和强调的效果。

专业博客 Excelpro 的图、表建议思维指南，非常清晰地说明了数据之间的逻辑关系。

3．比喻图

比喻图能够达到强调的效果。

（八）课件颜色搭配

在教学与演示设计领域，颜色不仅仅是视觉上的装饰，更是信息传递的重要媒介。PPT 课件中的色彩搭配，不仅能够提升视觉美感，还能深刻影响学生的情绪与学习效率，是确保教学互动性和吸引力的关键要素之一。以下是几个极具实用价值的配色原则。

1．限制色彩数量

一个页面中使用的主色调建议最好不超过三种。就像一幅精美的画作，色彩过多容易显得杂乱无章。PPT 页面亦是如此，过多颜色会使观众眼花缭乱，注意力难以集中，导致信息传递的效果大打折扣。例如，一个页面同时堆砌红、黄、蓝、绿、紫等多种鲜艳颜色，观众会不知所措，无法聚焦重点内容。

2．明暗与纯度变化

巧妙利用色彩的明度和饱和度变化，如同为 PPT 增添了层次感与立体感。

通过调整颜色的深浅、鲜艳度，能让不同元素在页面上自然区分，增强视觉的流动性。例如，标题文字用高饱和度颜色以达到醒目的效果，而正文用低饱和度同色系颜色呈现，观众的视线会先被标题吸引，再自然过渡到正文，同时整个页面也更具深度。

3. 对比突出重点

对比色的巧妙运用就像聚光灯，能够有效地引导视线。红与绿、黄与紫等对比色组合，能让重点内容在页面中脱颖而出。比如，在讲解重要知识点时，将关键语句用红色突出，与页面的绿色背景形成鲜明对比，观众一眼就能捕捉到关键信息。

4. 避免色彩滥用

要始终秉持简洁即美的理念。过度使用色彩会像过度装饰的房间，让人感到压抑和疲惫，导致视觉疲劳。清晰的信息架构才是核心，色彩应服务于内容。若一味追求色彩丰富，可能会削弱内容的存在性，让观众迷失在色彩的海洋中。

5. 色彩呼应

从背景图片中提取色彩作为文字或图形的配色，能使整个 PPT 呈现出浑然一体的和谐感。比如，背景图片中有蓝色元素，将部分标题文字设置为同色系，会让页面看起来更加统一、协调，增强整体的视觉效果。

6. 高对比度确保可读性

在色彩组合中，务必保证文字和背景之间有足够的对比度。像经典的黑底黄字、蓝底白字等搭配，能让文字清晰易读。如果文字和背景颜色相近，如浅灰色背景搭配淡蓝色文字，观众阅读起来会十分吃力，影响信息接收。

（九）课件中插入动画

PPT 课件中的动画元素，无疑为教学过程注入了更多的活力和生动性。通过巧妙地运用动画，我们不仅可以吸引学生的注意力，还能更有效地传达教学内容，从而提升整体的教学效果。PPT 中的动画大致可以分为片头动画、逻辑动画、强调动画、情景动画、片尾动画及切换动画等多种类型，每一种都有其独特的作用和效果。

1. 片头动画

这是 PPT 的开场，其作用犹如电影的序幕，能够迅速抓住学生的眼球，将他们从课外的纷扰中拉回到课堂的教学环境中。一个精美且富有创意的片头动画，不仅能帮助学生调整心态，快速进入学习状态，还能给他们留下深刻的印象，为后续的教学内容奠定良好的基础。

2．逻辑动画

在课堂教学中，一幅静止的幻灯片往往难以清晰地展现出教学内容之间的逻辑关系及讲授的先后顺序。学生可能会感到困惑，不知道从哪里开始关注，也无法有效地把握重点。而逻辑动画的加入，则可以很好地解决这一问题。通过动画的控制，教师可以清晰地展示出教学内容出现的先后顺序、主次关系，甚至可以通过位置的改变、出现和退出等动画效果，来引导学生按照自己的教学思路去理解和接受课堂内容。

3．强调动画

在传统的 PPT 制作中，我们可能会通过改变颜色深浅、形状大小或字体样式来突出某些重要内容。然而，这种方式存在一个明显的弊端，即强调的内容会一直保持突出状态，当教师讲授其他内容时，它可能会分散学生的注意力。而强调动画则能很好地解决这一问题。通过对象的放大、缩小、闪烁或变色等动作，我们可以在需要的时候对特定内容进行强调，而在强调过后，这些内容又会自动恢复到初始状态，从而避免了对后续教学内容的干扰。

4．情景动画

在课堂教学中，我们经常需要描述或呈现某个情景或案例。这些情景或案例往往有情节、有过程，很难用一张静止的画面来完整呈现。而情景动画则能生动地展示出这些过程，帮助学生更好地理解和记忆。以往，我们可能需要借助 Flash 或视频等工具来制作情景动画，但现在 PowerPoint 2021 已经具备了强大的动画表现能力，基本上可以满足教学上的需求。

5．片尾动画

当课堂教学内容结束时，如果 PPT 课件突然终止，可能会让学生感到突兀和不适。而加入一个简单的片尾动画或结束语，则可以起到很好的缓冲作用。它不仅提醒学生教学内容已经结束，还体现了对学生的尊重，同时也与片头动画形成了呼应，使得整个课件有始有终。

6．切换动画

在 PPT 课件页面之间转换时，如果直接切换可能会让学生感到单调和乏味。而切换动画的加入，则可以有效地缓解这种单调感，使得页面之间的转换更加自然和流畅。当然，切换动画更适合用于简洁画面和简洁动画的 PPT 课件中，以避免过于复杂和花哨的效果分散学生的注意力。

（十）课件中插入音视频

1. 在 PPT 课件中插入音频

打开你的PowerPoint 2021演示文稿，选择菜单栏中的"插入"选项卡，在"插入"选项卡中，找到"媒体"组，然后点击"音频"按钮。这将弹出一个下拉菜单。在下拉菜单中，选择"文件中的音频"，这将打开"插入音频"对话框。在"插入音频"对话框中，浏览并选择你想要插入的音频文件，然后点击"插入"按钮。插入后，PPT 页面上会出现一个小喇叭图标，代表音频文件已成功嵌入。你可以点击小喇叭图标，然后选择出现的"音频工具"上下文选项卡（通常位于顶部菜单栏），来对音频进行进一步的设置，如淡入淡出效果等。

此外，在"动画窗格"中，你还可以通过设置"触发器"来控制音频的播放方式，使其更加符合你的演示需求。

2. 在 PPT 课件中插入视频

打开你的 PowerPoint 2021 演示文稿，选择菜单栏中的"插入"选项卡，在"插入"选项卡中，找到"媒体"组，然后点击"视频"按钮。这将弹出一个下拉菜单。在下拉菜单中，选择"文件中的视频"。这将打开"插入视频"对话框。在"插入视频"对话框中，浏览并选择你想要插入的视频文件，然后点击"插入"按钮。插入后，PPT 页面上会出现一个视频播放器窗口，显示视频的第一帧画面。你可以点击这个视频画面，然后选择出现的"视频工具"上下文选项卡（通常位于顶部菜单栏），来对视频进行进一步的设置，如淡入淡出效果、循环播放等。调整视频的大小和位置，以适应你的幻灯片布局。

请注意，PowerPoint 2021 支持多种音视频格式，但为了确保最佳兼容性和播放效果，建议使用常见的音视频格式，如 MP3、WAV、MP4 等。此外，嵌入音视频文件可能会增加 PPT 文件的大小，因此，请确保在分享或传输前检查文件大小是否符合要求。

（十一）字体问题

文字是 PPT 课件的最基本元素之一，除了起到注释，提示以外，还起到提醒、装饰的作用，因此，字体的选择和大小就十分重要。

1．字号的大小

如果字太大，没有人会抱怨，但字太小的话，所有人都会抱怨。

推荐大标题用 36 号字，一级标题用 32 号字，二级标题用 28 号字，三级标题用 24 号字，正文不低于 20 号字。

2．字体的选用

学生要远距离看清 PPT 课件中的文字，就要求字的分量要够重，并且选用适当规范的字体为宜，如黑体、宋体等字体都较为严谨。在 PPT 课件正文字多或字小时，PPT 页面会看起来有些不够醒目；黑体较为庄重，适合做标题或需强调的正文；隶书和楷体源于中国书法，有一定的艺术特征，辨认较慢，不太适合用于 PPT 课件。

3．艺术字效果

PowerPoint 2021 提供了强大的艺术字功能，无需依赖其他专业图形软件即可实现丰富的艺术字效果。在 PPT 中选择文字后，可以依次点击"格式"和"艺术字样式"，然后从下拉菜单中选择所需的艺术字样式。。

4．字体的嵌入

为避免在不同电脑上播放 PPT 时出现字体变化的问题，建议在保存 PPT 文件时将字体一并嵌入。在 PowerPoint 2021 中，可以按照以下步骤操作：依次点击"文件"和"选项"，打开 PowerPoint 选项窗口。在"保存"选项中，找到"自定义文档保存方式"。在该页面下方，会看到两种"将字体嵌入文件"的选项：

（1）仅嵌入演示文稿中使用的字符（适于减少文件大小）：此选项会使文件体积相对较小，因为它只嵌入了 PPT 中实际使用的文字字体。这样，在其他电脑上播放时，可以确保正确显示设置的字体效果，但可能无法进行编辑。

（2）嵌入所有字符（适于其他人编辑）：选择此选项后，文件会稍大一些，因为它嵌入了 PPT 中使用到的文字的所有字体。这样，除了能在其他电脑上正确演示外，还允许其他用户进行编辑操作。

请注意，以上步骤和选项可能因 PowerPoint 版本的不同而略有差异。在实际操作中，请根据自己使用的 PowerPoint 版本进行调整。

（十二）课件中插入公式

在 PPT 课件中，经常需要插入数学或科学公式。在 PowerPoint 2021 中，你主要可以通过以下两种方法来插入公式。

1. 使用内置公式功能

单击顶部菜单栏中的"插入"选项卡。在"插入"选项卡中，找到"符号"组，然后点击"公式"按钮。这将打开一个小型的公式工具栏，你可以从中选择预设的公式或符号，或者通过 LaTeX 语法输入自定义公式。选择或输入你需要的公式后，它将直接插入到 PPT 的当前幻灯片中。

2. 通过调用公式编辑器（如果需要更高级的编辑功能）

单击"插入"选项卡，然后在右侧找到并点击"对象"按钮。这将打开"插入对象"对话框。在"插入对象"对话框中，滚动查找并选择"Microsoft Equation 3.0"（或类似名称，具体取决于你的安装版本）。如果找不到，可能是因为在安装 Office 时未选择此组件。此时，你可以尝试重新安装 Office 并选择包含此组件，或者从网上下载并安装单独的公式编辑器。选择"Microsoft Equation"后，点击"确定"。这将打开一个新的公式编辑器窗口，你可以在其中输入和编辑复杂的公式。公式编辑完成后，关闭公式编辑器窗口。你编辑的公式将自动嵌入到 PPT 的当前幻灯片中。

如果你发现插入的公式颜色与幻灯片背景或主题不匹配，可以很容易地更改它。只需点击选中公式，然后在"开始"选项卡中使用字体颜色工具来更改公式的颜色，或者使用形状填充和线条工具来更改公式的背景色或边框。

（十三）课件加密

在 PowerPoint 2021 中，若你不希望他人随意修改或打开自己精心制作的 PPT 课件，可以通过设置修改权限或添加打开密码来实现限制。具体操作方法如下。

1. 对 PPT 课件加密

首先，在 PowerPoint 2021 中打开需要加密的 PPT 课件。点击菜单栏中的"文件"选项卡，进入文件相关设置界面。在左侧列表中选择"信息"选项，此时右侧会展示一系列与文档信息相关的设置选项。点击"保护演示文稿"按钮，在弹出的下拉菜单中选择"用密码进行加密"。随即会弹出"加密文档"窗口，在该窗口中，你需要输入密码，然后再次确认输入相同的密码，以确保密码的准确性。完成两次密码输入后，点击"确定"按钮，即可成功完成 PPT 课件的加密操作。此后，当其他人试图打开该 PPT 课件时，必须输入正确的密码才能访问。

2. 限制 PPT 课件的修改

PowerPoint 2021 中打开要限制修改的 PPT 课件。点击"文件"选项卡，然后选择"信息"选项。点击"保护演示文稿"按钮，在弹出的下拉菜单中选择"标记为最终状态"。这时会弹出一个提示对话窗口，告知你此操作将使 PPT 被设为只读，无法进行修改。仔细确认后，单击"确定"按钮。此时，PPT 课件的状态被标记为最终状态，呈现只读模式，其他人只能查看该 PPT 内容，无法对其进行编辑修改。如果想要再次修改该 PPT 课件，需要取消"标记为最终状态"的设置，方法是再次点击"文件"选项卡—"信息"—"保护演示文稿"，然后选择"取消标记为最终状态"即可恢复编辑权限。

二、课件设计与制作高级应用

（一）课件转换成 Word 教案

在教学中，很多教师会选择将 PPT 课件内容转换为 Word 文档，以便于打印并作为授课时的教案使用。以 PowerPoint 2021 为例，教师可以在制作 PPT 时，在"备注"栏中详细写下课堂上要讲解的教学内容。

转换步骤为：在 PowerPoint 2021 中，依次点击"文件"—"导出"—"创建讲义"，然后选择"创建讲义"。在弹出的窗口中，若"备注"栏中有详细的教学内容，则选择"备注在幻灯片旁"，点击"确定"后，将生成一个包含备注文字的 Word 文档讲稿。若"备注"栏为空，则可以选择"空行在幻灯片旁"，生成带有空行的 Word 文档，供教师手写补充教学内容。

此外，PowerPoint 2021 也支持直接打印 PPT 课件。打开课件后，依次点击"文件"—"打印"—"幻灯片"，在"幻灯片"设置中，可选择在每张 A4 纸上打印 1 张、2 张、3 张等数量的幻灯片。

（二）课件转换成 PDF、Flash 或视频文件

为满足不同的教学需求，教师可能需要将 PPT 转换为 PDF、Flash 或视频等格式。以下是基于 PowerPoint 2021 的转换方法。

1. 将 PPT 转换成 PDF

首先确保已安装 Adobe Acrobat 软件。在 PowerPoint 2021 中，有两种方

法可将 PPT 转换为 PDF：

（1）虚拟打印成 PDF。安装 Adobe Acrobat 后，系统会添加"Adobe PDF"作为虚拟打印机。打开 PPT 后，依次点击"文件"—"打印"，在"打印机"选项中选择"Adobe PDF"，设置打印的幻灯片数量和布局，点击"打印"即可生成 PDF 文件。

（2）另存为 PDF。在 PowerPoint 2021 中打开 PPT 后，可直接选择"另存为"，在保存类型中选择"PDF"，然后点击"保存"即可。

2．将 PPT 转换成 Flash

将 PPT 转换为 Flash 可以保留其中的动画和声音效果，同时防止他人修改。推荐使用 iSpring 等转换软件。安装好软件后，PowerPoint 的菜单栏会出现相应的转换选项。

打开 PPT 后，可通过软件的"快速发布"或"发布"功能将 PPT 转换为 Flash。其中，"快速发布"操作简单，但生成的 Flash 可能需要手动播放；而"发布"功能则允许用户自定义设置参数，以获得更理想的转换效果。

3．将 PPT 转换成视频

在 PowerPoint 2021 中，这一转换过程非常简单。只需打开 PPT 课件，然后选择"文件"—"导出"—"创建视频"，在弹出的窗口中自定义视频分辨率和放映每张幻灯片的秒数，最后点击"创建视频"即可生成视频文件，视频格式为 MP4。这种方法无需第三方软件，且转换效果良好。

（三）课件的素材来源

为了使 PPT 课件更具有感染力，提升 PPT 课件的美观度，除了教学内容和制作技巧外，还应当搜集一些制作 PPT 课件需要的一些素材。

1．图片搜集

（1）百度图片搜索。进入百度网站后，选择图片，出现百度的图片搜索界面；在输入框内输入你想搜索内容的关键词（如泰山）；点击你想要的泰山图片就可以下载。

除此之外，在输入框内还可输入多个关键词进行组合搜索，从而得到更符合需求的图片。

（2）搜狗图片搜索。进入搜狗搜索网站后，选择"图片"选项，这将带你进入搜狗的图片搜索界面；在输入框内，输入你想要搜索的内容关键词（例如泰山）；在展示的搜索结果中，点击你感兴趣的图片即可进行下载。

除此之外，不论是在百度还是搜狗的图片搜索中，你都可以在输入框内输入多个关键词进行组合搜索，以便更精确地找到满足你需求的图片。

（3）素材网站。在一些素材网站，也可以搜索到一些优秀图片。

2．课件搜集

中国高等学校教学资源网上有 48 000 多个高校用课件。

3．图、表搜集

在百度网站搜索一下，可以得到许多 PPT 图、表。

4．模板搜集

在一些 PPT 交流网站可以搜集到优秀的 PPT 模板。

（四）课件的分屏放映

教师在讲台上使用 PPT 课件授课时，要想彻底告别"照本宣科"，丢掉讲稿授课，就要用到 PowerPoint 的分屏放映功能。在制作 PPT 课件时，可以把上课要讲的更详细的教学内容或注释写在备注里。演示时，学生在屏幕上只能看到 PPT 的画面，教师却可以在讲台的电脑屏幕上同时可以看到 PPT 的画面和备注里的教学内容或注释。

下面以 Window 10 操作系统下 PowerPoint 2021 为例进行说明。

（1）在制作 PPT 课件的过程中，将需要的教学内容或注释详细写入"备注"栏中。

（2）设置电脑的多屏显示功能。首先，确保电脑已连接到投影仪，并且投影仪已开启。接着，打开 PPT 课件，在 PowerPoint 2021 的顶部菜单栏中，依次点击"幻灯片放映"—"设置幻灯片放映"。这时会弹出"设置放映方式"的窗口，找到并勾选"显示演示者视图"选项。

（3）在勾选"显示演示者视图"后，可能会出现新的窗口或提示。根据提示，选择"多显示器"—"扩展这些显示"，以确保电脑屏幕和投影仪屏幕分别显示不同的内容。完成设置后，点击"确定"保存更改。

（4）设置完成后，教师可以按"F5"键或点击屏幕右下角的"幻灯片放映"按钮来查看分屏放映的效果。此时，投影仪屏幕将显示 PPT 的演示画面，而教师的电脑屏幕则将同时显示 PPT 画面和备注栏中的教学内容或注释。

（五）PPT 常用快捷键

制作或演示 PPT 课件时，一些常用的快捷键会大大提高幻灯片的编辑制作效率。

（1）Ctrl ＋ T：在句子小写或大写之间更改字符格式。

（2）Shift ＋ F3：更改字母大小写。

（3）Ctrl ＋ B：应用粗体格式。

（4）Ctrl ＋ U：应用下划线。

（5）Ctrl ＋ I：应用斜体格式。

（6）Ctrl ＋等号：应用下标格式。

（7）Ctrl ＋ Shift ＋加号：应用上标格式。

（8）Ctrl ＋空格键：删除手动字符格式，如下标和上标。

（9）Ctrl ＋ C：复制文本格式。

（10）Ctrl ＋ V：粘贴文本格式。

（11）Ctrl ＋ E：居中对齐段落。

（12）Ctrl ＋ J：使段落两端对齐。

（13）Ctrl ＋ L：使段落左对齐。

（14）Ctrl ＋ R：使段落右对齐。

（15）F5：从第一页开始放映幻灯片。

（16）Shift ＋ F5：从当前页开始放映幻灯片。

PowerPoint 在全屏方式下进行演示时，可以通过以下的方法来实现课堂演示时的快捷方式。

（1）键入 B 或句号：黑屏或从黑屏返回幻灯片放映。

（2）R 键入 W 或逗号：白屏或从白屏返回幻灯片放映。

（3）N ＋ Enter：实现幻灯片页面的跳转，N 是幻灯片的页数。

（六）制作课件常犯的 10 种错误

设计制作 PPT 课件时，容易出现目标不清、结构混乱、展示不力等三方面的问题。造成问题的原因主要是幻灯片切换方式随意变化、每页幻灯片不断变换字体、同样级别的标题字体大小不相同、用太多的颜色，用了太多不同风格的模板等问题，归纳起来有如下 10 个问题。

1．内容不突出

有些 PPT 课件上面写满了密密麻麻的文字，或者字体的颜色与背景的颜色混为一体，或者塞满了各种图片、表格与曲线，容易信息过载，啰唆冗长，背景模糊，内容不突出，让学生看起来十分费力。

2．Word 文稿搬家

为了节约时间，许多人直接把 Word 文件中的内容复制到 PPT 上，没有提炼，把 PPT 当发言稿来写，准备不充分，缺乏设计，满篇文字，这样的 PPT 课件，学生头昏眼花，上课时学生随时要去总结课件内容的"中心思想"。

3．排版混乱

设计制作 PPT 课件时拘泥于文稿内容，忽视教学内容的内在逻辑关系和教师与学生的交互，出现字体的大小不一致、段落分段不明确、项目编号不统一等问题，都会造成 PPT 页面混乱。

4．低劣图片

PPT 课件配上图片对教学效果会起到很好的作用，但如果选择的图片与教学内容不当、分辨率不高等低劣的图片，不仅不能增加 PPT 课件的活力，反而会影响课堂教学效果。

5．滥用模板

有些人收藏了许多自己喜欢的 PPT 模板，不管这些模板与教学内容有没有联系，统统用到 PPT 课件中，没有考虑与教学内容或主题是否相符。盲目的"拿来主义"制作出的 PPT 课件就会风格混乱。

6．颜色杂乱

在 PPT 课件中过多地使用颜色，特别是冷暖色搭配不合理，整个 PPT 页面花花绿绿，造成教学内容不突出，分散学生注意力。

7．滥用动画

为了让 PPT 课件动起来，不考虑教学内容或主题过多或随机地使用动画效果，使教学内容结构混乱、花里胡哨，分散学生的注意力。

8．滥用声音效果

PPT 课件中滥用与教学内容或主题无关的声音效果，本末倒置，甚至 PPT 在翻页时也用到了声音效果，从天而降的声音，让学生惊心动魄、提心吊胆。

9. 图、表制作水平业余

由于图、表的制作水平不够，自己画出来的图、表非常业余，或不适当地借用别人的图、表，造成不能明确地表达和传递教学内容。

第二节 信息化素材处理

一、素材处理技巧

（一）图片素材色彩变得更艳丽

在拍摄的图片中，往往会遇到图片偏色或者暗淡的情况，这时可以通过"光影魔术手"来处理这类情况。

1. 偏色的解决办法

首先打开一张图片，假设看到图片明显偏黄。

可以通过菜单栏"调整 RGB 色调"命令来调节图片的颜色。

调节好后，单击"确定"按钮可以看到，虽然图片颜色有所改善，但还是不能令人满意。可以再使用菜单栏"调整—色彩平衡"命令，来进一步对图片色彩进行调整。

参数调整好后，单击"确定"按钮，图片色调基本恢复正常。

2. 使图片变艳丽

打开图片，假设看到图片昏暗，颜色发灰。

首先，通过菜单栏"调整—曲线"命令，提升图片的亮度；然后再通过"调整—色相 / 饱和度"命令，来调整图片的饱和度和亮度。

参数调整好后，单击"确定"按钮，这时图片颜色基本调整好了。为了达到理想满意的效果，还可以在工具栏上找到"反转片"按钮，点击旁边的小三角，打开下拉菜单，选择"淡雅色彩"命令，这样图片基本就调整好了。

（二）改变图片亮度的方法

在阴天环境或光线不足时，拍摄的照片往往由于曝光不足而发暗，严重影响照片效果。大家不必为此感到遗憾，因为可以通过后期的图片处理技术，调整这些拍摄缺陷，以下将介绍调整图片亮度的方法。

　　说到图片处理，那肯定离不开处理软件，这里推荐一款简单易学的图片处理软件"光影魔术手"。下载后将得到一个 RAR 压缩包，解压后是一个文件夹。只需要双击运行文件夹中的"nEoiMAGING.exe"程序，便能运行"光影魔术手"软件。

　　运行软件后，进入了软件界面，单击工具栏上的"打开"命令，打开要编辑的图片；再打开文件对话框，选择好文件后，单击"打开（O）"按钮这样图片就被打开了。

　　假设这张图片的曝光明显不足，就需要通过"色阶调整"命令来提升图片的亮度。先选择菜单栏上的"调整—色阶"命令，打开"色阶调整"对话框。出现的色阶图谱下面有 3 个三角游标，将最右边的白色游标向左拖动，同时中间的三角游标也自动向左移动，这时可以看到图片的亮度在增加，当亮度调整好后，单击右侧的"确定"按钮。

　　"光影魔术手"软件提供了图片编辑前后效果的对比功能，可以通过单击工具栏上的"对比图标"进行对比查看。

　　还可以通过"曲线"命令来提升图片的亮度。依次从菜单栏选择"调整—曲线"命令，打开"曲线调整"对话框，通过调整曲线的弧度来调节图片的亮度。

　　另外，还可以通过"亮度 / 对比度"命令提升图片的亮度。选择菜单栏"调整—亮度 / 对比度 /Gamma"命令，打开"亮度—对比度—Camma"对话框，可以通过拖曳游标来调节图片的亮度和对比度，同时我们可以在窗口看到图片亮度在跟随变化。参数设定好后，单击"确定"命令。

　　虽然这三种方法都能提高图片的亮度，但只使用一种方法往往不能达到我们想要的效果。在日常使用中，一般三种方式相互结合使用，可以更好地实现我们的需求。

（三）去除图片的背景

　　去除图片背景也是在图片处理中常遇到的一种操作，这里继续以"Adobe Photoshop"为例，介绍去除图片背景的方法。一般去除图片背景，常见的有以下两种情况：

1. 背景只有一种颜色

　　打开一张背景只有白色的图片，并且要保留的图案与背景颜色反差明显。在这种情况下，要想去除图片的背景，只需要把白色背景选中，然后再删除就可以了。首先在"Adobe Photoshop"中打开这张图片，默认情况下，新打开的图像其图层是锁定的，很多编辑操作不能进行，可以看到图层的右边有个小锁图标。

将鼠标指针移动到图层名称上，鼠标指针变成"🖐"形状，双击鼠标左键，弹出"新建图层"对话框。

单击"确定"按钮，就解除了图层的锁定。执行菜单栏"选择—色彩范围"命令，打开"色彩范围"对话框。

这时看到，鼠标指针变成了"🖊"形状，将鼠标移动到图片的白色背景上，单击鼠标左键，使软件选中要选择的颜色，然后在"色彩容差"中调整软件对颜色的识别程度，调整好后单击"确定"按钮。可以看到图片的白色背景被选中，并且边缘呈虚线显示。

单击键盘上的"Delete"键，将白色背景删除；然后执行菜单栏"选择—取消选择"命令或者执行快捷键"Alt+D"将选区取消。

最后执行"文件—储存为"命令，将图片保存。这里需要注意的是，保存格式一定要选PNG格式。因为PNG格式带有透明通道，如果保存为JPG或BMP格式，图片背景就默认为白色了。

2. 背景由多种颜色或图案组成

假设打开的图片背景图案复杂，可以采用勾画的方式将背景选择出来。

首先在软件左侧的工具条中找到"🖊钢笔工具"，然后在软件上方工具栏上点选"路径"命令，这时可以沿着灯笼边缘进行勾画。每单击一下鼠标左键，就添加一个节点，按住鼠标左键不放，可以调整节点的位置和两个节点间线段的弧度，如果操作错了，可以通过快捷键"Alt+Ctrl+Z"进行撤销操作。

沿着灯笼边缘继续勾画，直到回到第一个节点，将鼠标指针移到第一个节点上，看到指针变成了"🖋"形状，单击鼠标左键，整个曲线闭合，这样选区就被选择出来了。可以通过软件左侧工具条中的"🔲选择工具"，对选区中的节点进行细微的调整。单击图标右下角的黑色箭头，选择"直接选择工具"。

选区调整好后，在软件右侧面板中切换到"路径"面板。

在路径面板底部，单击"将路径作为选区载入"图标 ●○○◇◇▢🗂🗑，看到刚才所画的选在路径面板底部，单击"将路径作为选区载入"图标，看到刚才所画的选区已经被选中，然后执行"选择—反向"命令，将背景选中，单击键盘上的"Delete"键，删除背景。

执行"文件—储存为"命令,将图片保存成 PNG 格式即可。

(四)去除图片素材中的拍摄日期

在图片处理中,往往还会遇到这样的情况,本来一张很漂亮的风景图片,但由于拍摄的时候,相机自带的日期功能破坏了画面,让人觉得有瑕疵。那么怎样才能去掉图片上的日期呢?如果是在胶片时代,那是可望而不可即的,但是在数字技术发展的今天,就可以很轻松地实现这一要求。

要想去掉图片的拍摄日期,这就需要用到比较专业的图像处理软件"Adobe Photoshop"了,也就是常说的"PS"。从网上下载并安装该软件,打开软件后,执行"文件—打开"命令,打开要编辑的图片。

在左侧的工具栏中,找到"印章"工具;同时在软件窗口的"菜单栏"下面的"属性栏"显示出了"印章"工具的常用操作命令。

参数设好后,将鼠标指针移动到图片上,此时鼠标指针变成了"〇"形状;将"〇"移动到图片日期附近,注意圆圈不要压到日期;然后,按下键盘上的"ALT"键并保持按下状态,鼠标指针变成了"⊕"形状,单击鼠标左键,看到"⊕"形状闪烁一下后,放开"ALT"键。该操作的目的是将鼠标指针"〇"覆盖的区域进行复制,然后将鼠标移动到日期上,单击鼠标左键,就可以看到刚刚复制的日期旁边的图案被覆盖到了日期上。

按照上述方法,反复将日期旁边的图案进行复制,然后再覆盖在日期上,这样日期就消失了。

最后,执行"文件—另存为"命令,将图片保存即可。"Adobe Photoshop"可以存储的图片格式很多,可以选择常用的 JPG、BMP、PNG 等格式进行存储。

(五)从 CD 唱片上获取音频素材

CD 唱片是人们常接触的音频载体之一,很多音乐,音频素材都是以 CD 唱片的形式存储的,可以通过 CD 机、DVD 播放器或者电脑的 CD/DVD 光驱来播放 CD 上的音频文件。但是,如果想将 CD 唱片上的音频保存到电脑中,该怎么办呢?传统的复制、粘贴方法对复制 CD 唱片是不可行的。

鼠标选择的一段大小 44 字节音频,退到光盘目录的上一级,光盘大小竟然显示 0 字节。

难道光盘是空的吗?事实并非如此,用户可以通过电脑的播放软件,来播放 CD 唱片上的音频。也就是说，CD 唱片上确实存在音频文件。怎样获取这些音频呢？其实很简单，系统自带的播放软件 Windows Media Player，就可以达到目的。

首先，打开播放器，由于 Windows Media Player 11 的菜单栏默认是隐藏的，因此需要在播放器顶部空白区域单击鼠标右键，通过右键菜单中的"工具一选项"命令，打开"选项"面板。

在"选项"面板，找到"翻录音乐"标签。

可以对将要翻录的音乐做一些参数设置，如翻录到的位置、翻录后的格式、翻录后存储的音频质量等，设置好参数后，单击"确定"按钮；然后回到 Windows Media Player 主界面，单击主界面上的"翻录"命令，切换到"翻录"界面。

CD 唱片上的音乐都显示在这里了，只需将要保存的音乐勾选即可，然后单击界面右下角的"开始翻录"按钮，软件开始翻录。

稍待片刻后，软件翻录完成，翻录状态中显示"已翻录到媒体库"。在电脑上打开之前设的存储路径，可以看到音乐已经保存在这里了。

二、素材处理高级应用

（一）数字音频教学素材的常用处理技巧

说到数字音频处理，这里要介绍一个数字音频处理软件——"Adobe Audition"。下面以 Adobe Audition CS3 为例，来介绍数字音频教学素材常用到的一些处理技巧。

1. 调整音量

首先，打开"Adobe Audition"软件，显示界面。

可以通过"文件—导入"命令，打开要编辑的音频素材。

导入音频后，单击软件界面左上角的"编辑"按钮，切换到"编辑"视图。在软件右侧的"主群组"窗口中，可以清楚地看到音频素材的波形图。

通过该波形图，可以看到音频素材的音量太小，需要提高音量，可以执行"效果—振幅和压限—标准化"命令，在打开的对话框中，提高标准化的百分比，比如130%，然后单击"确定"按钮。

软件开始处理，并且显示进度窗口。

等软件处理完后，进度窗口自动关闭，可以看到音频波形的高度变大了，说明音频素材的音量已经提高，单击左下方的播放按钮试听效果。

2．截取音频中的片段

在一段很长的音频素材中，如果只需要其中一部分，用"Adobe Audition"来处理就很简单。首先，根据"主群组"窗口下面的时间段，找到需要保留的音频，按住鼠标左键不放，然后向右拖动鼠标，音频波形呈现白色选区，选择好后松开鼠标。

当然也可以通过软件右下角的"选择/查看"功能，对音频素材进行精确选取。在"选择"后面的时间框内输入要保留的音频素材的开始时间和结束时间，单击键盘上"Enter"键，即可看到音频素材被选中。

选择好要保留的范围后，执行"文件—保存所选"命令，便可将选择的音频保存为独立的素材文件。

3．存储格式

常见的音频格式有 MP3、WMA、WAV、AAC、FLAC、AMR、OGG 等，有时需要将音频文件由一种格式转换成另一种格式。在"Adobe Audition"中，只需要将音频素材导入软件，然后执行"文件—另存为"命令，在弹出的对话框中，选择相应的"保存类型"即可。

（二）去除音频素材背景中的噪声

有些时候，特别是通过录音笔或者其他设备录制的音频文件，往往有明显的电流声或杂音，这给我们收听音频带来了不必要的干扰，这时可以通过"Adobe Audition"软件来降低音频素材中的噪声。首先将要处理的音频文件导入软件，上一节介绍了在"编辑"视图的"主群组"窗口可以看到音频文件的波形图。可以通过软件下方中部的"缩放"功能，对波形图进行放大或缩小，这有利于更精确地选取音频。

单击"放大"按钮，可以放大音频波形，然后通过"传送器"栏目上的播放按钮，播放音频，找到噪声波形并选中。

执行菜单栏"效果—修复—降噪器"命令，打开"降噪器"对话框，单击"获取特性"按钮。

对降噪级别，衰减程度等参数作一定的设置，设置好后单击"波形全选"

按钮。"主群组"中的所有音频波形都被选中，单击"确定"按钮，软件开始降噪处理。

处理完毕后，可以看到刚才选中的波形变直了，说明噪音已经被消除。

可以播放音频听一下效果，如果仍有噪声，可以按上述方法再次进行降噪，处理好后，执行"文件—另存为"命令，将音频文件保存即可。

（三）将特殊格式的数字视频素材转换成通用格式

随着数字视频技术的发展，数字视频格式已是多种多样，常见的有 AVI、WMV、MP4、FLV、RMVB、MPG、MKV、TS、SWF、3GP、VOB、MOV 等格式，不同的软件对视频文件的兼容性是有差别的。比如从网上下载了一段 TS 格式的视频素材要插入"Microsoft PowerPoint"中，这时就需要将视频转换成"Microsoft PowerPoint"能识别的视频格式，比如 MPG 和 WMV 格式。

同样，数字视频处理软件也很多，这里推荐一款流行且免费的视频处理软件——"格式工厂"。

打开软件后，进入软件界面。

该软件界面简洁，操作简单，下面以这段 TS 格式视频片段转换成 WMV 为例，说明该软件的使用方法。

在软件左侧，可以清楚地看到软件分为"视频""音频""图片""光盘设备"等几个栏目，在"视频"栏目里，找到"所有 转到 WMV"按钮，单击鼠标进入，打开选项设置对话框。

首先，单击"添加文件"按钮，将要转换的视频添加进去；然后单击"输出配置"按钮，这里可以对要生成的视频文件进行详细的参数设置。

一般情况下，保持软件默认即可。单击"确定"按钮，回到刚才的对话框，对视频的"输出路径"进行设置。

以上参数都设置好后，单击窗口右上角的"确定"按钮。这样就回到了软件主界面，单击软件工具栏上的"开始"按钮，视频开始转换。视频转换完成后，转换状态会显示"完成"，可以通过工具栏上的"输出文件夹"按钮，打开存储转换后的视频文件夹，视频素材已经被转换成 WMV 格式。

（四）将视频素材中的一部分视频保存为独立的教学素材

有时，需要从一个长视频中剪辑出一小段有用的视频，保存为独立的视频文件，作为教学用素材。具体的操作方法如下：

首先要确定截取的视频素材想要保存成什么格式，这里以将 WMV 格式的一段视频保存为 MPG 格式为例。打开"格式工厂"软件，在左侧的"视频"区域选择"所有 转到 MPG"，然后在弹出的设置窗口中，将视频添加进去，接下来单击"选项"按钮。

打开"选项"对话框后，通过拖曳视频窗口下面的游标，来选择视频的播放位置，然后通过"截取片段"区域的"开始时间"和"结束时间"，选择截取的视频范围。设置好后，单击"确定"按钮，回到软件主界面，然后单击工具栏上的"开始"命令，视频开始转换。视频转换完成后，打开转换文件夹，可以看到视频已经转换成功。播放该视频，可以看到视频长度就是想要截取的时长。

第三节　信息资源的获取与利用

一、利用互联网检索资源

（一）在搜索引擎上实现多个主题词检索

在当今信息化的时代，搜索引擎已成为我们获取信息的重要途径。根据其工作方式，搜索引擎可以分为三种类型：全文搜索引擎、目录索引类搜索引擎和元搜索引擎。全文搜索引擎，如百度，通过从互联网上抓取网站信息来建立数据库，并根据用户查询条件返回相关结果。目录索引类搜索引擎，如网易，则提供按目录分类的网站链接。而元搜索引擎，例如 InfoSpace，能同时在多个搜索引擎上执行查询，为用户提供更全面的搜索结果。

使用搜索引擎非常简单，只需在搜索框中输入搜索主题词，然后按下"Enter"键或点击"搜索"按钮，搜索引擎就会在网络上搜索与该主题词相关的内容，并以列表的形式展示搜索结果。然而，为了更有效地利用搜索引擎获取信息，选择适当的搜索主题词至关重要。

在选择搜索主题词时，有几点需要注意：

1. 保持简单明了

如果目标是查找某个特定的公司，只需输入公司的名称或部分字词。对于特定概念、地点或产品的搜索，也应直接输入其名称。例如，如果想找附近的比萨餐厅，只需输入"比萨"和所在城市名或邮政编码。避免使用复杂或不必要的操作符和语法，保持查询的简洁性。

2.考虑网页的文字表述

搜索引擎通过匹配查询词与网页上的文字来返回结果。因此，使用网页上可能出现的字词进行搜索会更有效。避免使用过于口语化或复杂的表达方式，而应选择专业或常见的词汇。例如，用"头痛"代替"我的头很痛"，因为医疗网页更可能使用前者。

3.简明扼要地描述

尽量用简短、明确的词语描述要查找的内容。例如，"天气北京"比"中国北京市的天气预报"更简洁，且可能获得更精确的结果。避免冗长和复杂的查询语句，以提高搜索效率。

4.选择具有描述性的字词

独特性强的字词更有可能帮助我们找到相关的网页。避免使用过于泛泛的词汇，如"文档""网站""公司"或"信息"，这些词汇可能导致大量不相关的信息被检索出来。例如，"名人铃声"比"名人声音"更具描述性和具体性，因此更可能找到相关的结果。

当单个主题词无法准确表达搜索意图时，我们可以使用多主题词搜索。在进行多主题词搜索前，建议将主题词按重要程度进行排序。在搜索框中，按重要程度由高到低的顺序依次输入主题词，并使用英文状态下的"空格符"将它们分开。这样做可以帮助搜索引擎更准确地理解我们的搜索意图，并返回更精确的结果。

然而，需要注意的是，每增加一个搜索主题词，都会对搜索结果产生一定的限制。如果过度限制搜索条件，可能会错过一些有用的信息。因此，在选择搜索主题词时，需要权衡准确性和信息覆盖面的关系。

（二）主题词精确检索功能如何应用在搜索引擎上

搜索引擎默认采用的是广泛匹配机制，旨在捕捉到与查询词相关的尽可能多的信息。以百度为例，当你输入"教育学考试资料"时，系统会返回包含"教育学""考试"或"教育学考试资料"等相关关键词的所有页面。然而，为了获得更加精准的搜索结果，用户可以采用精确检索策略，即利用双引号将搜索词组包裹起来。这一操作向搜索引擎发出明确指令，要求其只返回与完整词组"教育学考试资料"完全一致的网页内容。这种精确匹配模式减少了无关信息的干扰，提升了搜索的针对性，但同时也可能因过于严格而遗漏某些潜在有用的信息，尤其是在关键词有多种排列组合的情况下。

（三）在搜索结果中扣除不需要的主题内容

在复杂的搜索需求中，用户可能希望过滤掉含有特定词汇的搜索结果。例如，当你关注的是普通"英语考试"信息，而非"职称英语"相关资料时，百度等搜索引擎允许通过减号操作符实现这一需求。具体做法是在主要搜索词后紧跟减号，并紧接着不需要的关键词，如"英语考试－职称英语"。这一指令会排除所有包含"职称英语"字样的结果，确保搜索列表更加符合用户的真实意图。这种方法有效缩小了检索范围，提升了搜索效率，确保结果的相关性。

（四）将搜索范围限制在特定网站内

有时需要在特定网站上查找资料，但是该网站又不提供网站搜索的功能，搜索引擎的站内搜索功能可以帮助用户将搜索范围限制在特定的网站内。在主题词后使用"site"关键词后用英文状态下的冒号"："引出需限定的网站网址后搜索，搜索范围就被限定在冒号引出的网站内。例如，查找重庆工程职业技术学院（域名为：www.cqvie.edu.cn）网站内与"教学在线"相关的网页，就可以在搜索框输入"教学在线 www.cqvie.edu.cn"后单击搜索按钮。

通过返回记录中页面访问地址都是以"www.cqvie.edu.cn"开头可知，搜索结果都是来自特定的网站，这样就实现了将搜索范围限制在特定的网站中。

（五）搜索特定格式（扩展名）的文件

在日常工作或学习中，我们经常需要查找特定格式的文件，如文档、演示文稿或电子表格等。为了高效地定位这些文件，我们可以利用搜索引擎的高级搜索功能，特别是针对文件类型的搜索。

多数主流搜索引擎都提供了一种通过文件扩展名来搜索特定格式文件的方法。虽然具体的搜索语法可能因搜索引擎而异，但通常可以通过在搜索查询中加入特定的指令或参数来实现。例如，若想搜索与"计算机网络"相关的PPT

演示文稿，可以在搜索框中使用类似"计算机网络 filetype:ppt"的查询。

搜索完成后，搜索引擎会展示与查询关键词相关的 PPT 文件。在结果页面，通常可以通过文件的 URL 或搜索引擎提供的文件类型标识来确认文件的格式。用户只需点击相应的搜索结果，就可以直接查看或下载文件。

需要注意的是，不同的搜索引擎可能支持不同的文件类型和搜索语法。因此，在使用这一功能时，建议先查阅相应搜索引擎的帮助文档或高级搜索指南，以确保搜索语法的正确性，并了解所支持的文件类型。此外，某些搜索引擎可能还支持使用通配符或更复杂的查询语法来进一步细化搜索需求，提高搜索的准确性和效率。

（六）实现图片、视频的分类检索

除了文档搜索外，图片和视频的搜索也是我们经常需要进行的操作。幸运的是，现在的搜索引擎通常都提供了专门的图片和视频搜索功能。

以百度为例，在百度搜索的主页面左上角，我们可以看到"图片"和"视频"两个链接。点击这两个链接，就可以分别进入图片搜索和视频搜索页面。

在图片搜索页面，我们只需在搜索框中输入关键词，比如"齿轮"，然后点击搜索图片的按钮。搜索引擎就会返回与"齿轮"相关的图片结果。这些结果以缩略图的形式展示在返回列表栏中，我们可以方便地查看和选择。如果找到了需要的图片，只需点击它就可以下载到本地使用了。

视频搜索的操作方式与图片搜索非常类似。在视频搜索页面输入关键词后，搜索引擎会返回与关键词相关的视频结果。我们同样可以方便地查看和选择这些结果，并下载到本地观看。

（七）通过视频分享网站下载教学视频资源

国内有许多知名的视频分享网站，如优酷网、56 网、酷 6 网等。下面，我将以优酷网为例，详细介绍如何从视频分享网站上下载教学视频资源。

首先，你需要在优酷网上注册一个用户账号。完成注册后，为了更便捷地下载优酷网的视频内容，你需要安装优酷专用的视频下载工具——"优酷下载器"。这款工具能够助你轻松地从优酷网上下载所需的视频资源。

安装并打开"优酷下载器"，然后登录你的优酷账户。之后，你可以开始搜索你希望下载的教学视频。找到目标视频后，点击进入其播放页面。在该页面，你会找到一个显眼的"下载"按钮。点击它，"优酷下载器"便会自动启动，开始下载你选中的视频资源。

若你想了解或更改视频的保存位置，只需点击"优酷下载器"中的"设置"选项进行相关配置。通过这样的步骤，你就能简单地将优酷网上的教学视频资源保存到本地，以供教学或学习之用。

二、利用互联网下载资源

（一）一次获得多个搜索引擎的搜索结果

在当今信息时代，搜索引擎已成为我们获取信息的主要途径。百度、必应等都是我们熟知的搜索引擎。然而，这些搜索引擎对于同一个搜索主题可能会有不同的侧重点和搜索结果。为了获取更全面、准确的信息，我们通常需要在多个搜索引擎上进行搜索，这无疑增加了我们的工作量和时间成本。

为了解决这个问题，元搜索引擎应运而生。元搜索引擎能够同时搜索多个独立搜索引擎，整合并优化搜索结果，从而为用户提供更全面、准确的信息。它将多个搜索引擎集成在一起，通过统一的检索界面，用户可以一次性提交搜索请求到多个搜索引擎，并获取综合的搜索结果。元搜索引擎还会对搜索结果进行二次加工，如去重、排序等，以提高搜索结果的准确性和相关性，如图3-12所示。

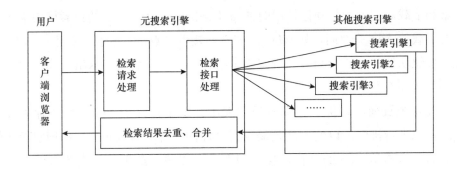

图3-12 元搜索引擎示意图

（二）在线浏览或下载网络公开课资源

网络公开课是近年来兴起的一种在线教育资源形式，它让全球知名高校的优质教育资源变得触手可及。这些高校在公开课上分享了本校的精品视频课程录像，为求知者提供了宝贵的学习机会。

国内有许多著名的公开课网站，如网易公开课、新浪公开课和搜狐公开课等。这些网站汇集了世界各地的优质公开课资源，为用户提供了便捷的在线学习平台。下面以网易公开课为例，简要介绍如何在线观看和下载公开课程。

首先，打开网易公开课的首页，浏览你感兴趣的课程类别或直接在搜索框中输入课程名称进行搜索。当你找到感兴趣的课程后，单击课程链接即可打开公开课播放页面。需要注意的是，公开课通常使用 flv 文件格式进行播放，因此你需要确保你的浏览器已经安装了 Adobe Flash 插件以正常播放视频。

如果你想要下载公开课程以便离线观看，可以单击页面右上部的"下载"按钮进入下载页面。在下载页面中，你会看到可供下载的课程列表。单击你想要的课程名称即可进入课程视频下载页面。在该页面中，单击"下载区"的下载链接就可以开始下载对应的视频资源了。

（三）通过资源下载网站检索及下载资源

除了运用搜索引擎来检索资源，专门的资源下载网站也是获取网络资源的重要方式。这类网站对可下载的网络资源进行了系统分类和整理，能帮助用户快速找到并下载所需的资源文件。常见的资源下载网站中，App 下载网站就是其中一种。

下面以一个通用的 App 下载网站为例，介绍如何使用这类网站进行资源的检索和下载。首先，打开你常用的 App 下载网站，在其首页的搜索框内输入你想要下载的 App 关键词，如"办公软件"。接着，点击"搜索"按钮（类似"提交"按钮功能）。此时会打开资源检索结果页面，上面会展示出与你搜索主题相关的 App 资源信息。

在这个页面，你能够依据资源的大小、适用系统版本以及用户评价等对 App 资源进行排序，以便更高效地找到符合自己需求的 App。当你锁定想要的 App 后，点击该 App 的名称链接，即可进入资源下载页面。在此页面，点击"下载"按钮，网站就会引导你进行下载操作，部分网站可能会根据你的设备类型，自动匹配合适的下载方式，如直接下载安装包或跳转到对应的应用商店进行下载。

　　下载完成后，你可以在设备的应用程序列表中找到刚刚下载的 App；如果是通过下载安装包的方式进行下载，你也可以依据之前设置的下载路径，在文件夹中找到该安装包文件。

第四章

数字时代教师职业素养的构成

第一节　教学素养

在信息化浪潮席卷全球的今天，教育领域正以前所未有的速度进行深刻的转型与重塑。在这一宏大的背景下，教育理论知识——作为支撑教师专业成长的坚固基石，显得尤为重要。从教学素养这一更为细腻且多维度的视角来审视，教育理论知识不仅为教师提供了深厚的学科背景，更是他们在信息化教学创新中不可或缺的导航灯。

一、教学素养概述

教学素养，作为教育领域的一个核心概念，深刻地反映了教师在教学实践中的专业素养和教育能力。简而言之，教学素养是教师在传授知识、培养能力、引导价值观等方面所展现出来的综合素质和专业技能。它不仅涵盖了教师的学科知识深度和广度，更包含了教师对教学方法的掌握、课堂管理的技巧、对学生的关怀与理解，以及自身综合素质的全面提升。

具体来说，首先教学素养体现在教师的专业知识上。一个优秀的教师，不仅需要具备扎实的学科知识基础，还需要不断更新知识，跟踪学科前沿，确保所传授的内容具有时代性和前瞻性。其次，教学素养还体现在教师的教学方法和课堂管理能力上。教师需要掌握多样化的教学方法，如启发式教学、案例教学、讨论式教学等，以适应不同学生的学习需求和特点。同时，教师还需要具备良好的课堂管理能力，确保课堂氛围的和谐、有序，为学生提供良好的学习环境。

此外，教学素养还涵盖了教师对学生的关怀与理解。教师需要关注学生的成长和发展，关心学生的身心健康，了解学生的个性特点和需求，为学生提供个性化的指导和帮助。同时，教师还需要注重培养学生的综合素质，包括创新能力、实践能力、团队协作能力等，为学生的全面发展奠定基础。

总之，教学素养是教师在教育教学实践中所展现出来的综合素质和专业技能，是衡量教师教育能力的重要标准之一。

二、高职院校教师教学素养的构成

高职院校教师教学素养主要由三个方面构成：学科知识结构、教学能力结构和职业道德修养。

一个均衡的学科知识体系是构建教育和教学技能的根基，高效的教学能力是实现有效教学的基石，而高尚的职业道德是确保教学任务成功完成的关键因素。

（一）学科知识结构

高职院校教师应具备一个均衡且层次分明的知识体系，这一体系主要包括以下四个关键层面：

（1）坚实的本专业基础理论及深入的专业知识。

（2）跨学科的基础知识。

（3）教学技巧和方法的基础知识。

（4）对学生特征及需求的了解。

在这四个层面中，最为根本和核心的是教师对本专业基础理论的牢固掌握和专业知识的扎实理解。只有深刻理解并牢固掌握所教授学科的基础理论及专业知识，教师才能够有效地传授知识、阐释思想、引导方法。不少年轻教师在教学上遇到的问题，通常源自对教学内容理解得不透彻。

（二）教学能力结构

教师的教学能力是指教师运用自身的专业知识和经验，高效完成教学任务的综合技能。这种能力主要分为三个维度：

1. 教学认知能力

教学认知能力涉及教师对教学目标、任务、学生特性、教学方法、策略及教学环境的深入理解和分析判断。该能力具体体现为对教学内容的深刻理解与熟练掌握，能够将复杂的学科知识转化为适宜的教学材料；洞察学生现有的知识水平和情感状态，理解学生的学习方式和认知特点。这一能力涵盖了对教学大纲的分析、教材处理、教学设计、教案编写、对学生的了解和判断等，是教学能力的根本，直接关系到教师的备课质量和教学方案的规划。

2. 教学执行能力

教学执行能力指教师在实施教学目标时解决问题的技能，包括清晰阐述概念、聚焦重点、组织内容、语言表达、有效使用多媒体工具、激发学生思考、促进师生互动、时间管理、组织讨论和学业评价等。

3. 教学调控能力

教学调控能力指教师为确保教学成功、实现预定目标，在教学过程中对教学活动进行持续的计划、审视、评价、反馈、控制和调整的能力。这代表了教师对教学过程的科学洞察、反思和有意识的调节，以保证教学的有效性。这一能力包括教学反思、课堂评价、自我评估等。

教学能力结构涵盖了教师在教学活动中的认知、执行和调控三个方面，这些能力共同作用，保障了教学的效果。

（三）职业道德修养

高校年轻教师的职业操守主要体现在其对教学职责的认知和承担上。强烈的教学责任感是教师职业操守的核心表现。

教学责任感对教师的教学行为的导向作用至关重要，它是激励教师进行有效教学的动力源泉，也是教师持续追求教学成效的不竭动力。具体来说，这种责任感首先激发教师的教学热情，包括对学生的爱、对所教学科的热爱、对教学工作的热爱，使教师能够全身心投入教学中，努力实现教学目标，成为学生的榜样。其次，它激励教师持续学习，不断扩展和深化教学知识，不断提升自己的教学技能。最后，它鼓励教师在教学方法上进行创新，发挥创造性思维，展现教学上的智慧和才能。

三、高职院校教师在教学素养中的不足

（一）学科知识结构方面

（1）专业知识单一，跨学科知识不够全面。这导致教师在面对复杂的教学任务时，难以提供全面而深入的教育，影响了教学质量。

（2）对新知识的更新和跟踪不够及时。随着学科的不断发展，新知识、新技术层出不穷，但部分教师未能及时跟进，导致教学内容陈旧，缺乏时代性。

（二）教学能力结构方面

（1）教学能力不足，缺乏有效的教学方法。部分教师在教学设计、课堂管理、学生评估等方面存在不足，难以激发学生的学习兴趣和积极性。

（2）实践经验缺乏，理论与实践脱节。部分教师缺乏实践经验，导致在教学过程中理论与实践脱节，难以将理论知识有效应用于实践。

（3）科研能力偏低，缺乏创新精神。部分教师的科研能力不强，论文发表的总量不多，且缺乏创新性和深度。这既影响了教师的学术水平，也制约了教学质量的提升。

（三）职业道德修养方面

（1）教育教学态度不够端正，缺乏敬业精神。部分教师对教学工作缺乏热情，只满足于完成教学任务，而未能深入挖掘教育教学的内涵和价值。

（2）师生沟通不畅，缺乏人文关怀。部分教师在与学生沟通时缺乏耐心和细心，难以深入了解学生的需求和问题，影响了教学效果和师生关系。

（3）对学生要求不严，课堂纪律松散。部分教师在课堂上对学生的要求不够严格，导致课堂纪律松散，学生学习态度不端正，影响了教学质量和效果。

综上所述，高职院校教师在教学素养方面存在诸多不足，需要不断加强学习和实践，提升自身的专业素养和教学能力。同时，也需要注重职业道德修养的培养和提升，以更好地履行教师的职责和使命。

四、教学素养提升方略

教师作为学生全面发展的关键引路人，其教学素养的高低对学生的学习效果和成长轨迹有着深远的影响。因此，如何全面提升教师的教学素养，使其专业水平和教育理念同步发展，一直是教育领域的重要议题。以下是从多个维度提出的教师教学素养提升方案，旨在助力教师实现个人成长与教育质量的双提升。

（一）深化专业知识的持续学习与探索

教师的学科知识是其教学素养的基石。要提升教学素养，教师应持续深化对专业知识的学习与探索。这包括关注学科前沿动态，及时更新知识体系，掌握最新的教学理论和方法。通过不断的学习和研究，教师能够丰富教学内容，提高教学质量，更好地满足学生的学习需求。

（二）明确并优化教学目标的设定与课程设计

教学目标是教学过程的指南针，它直接决定了学生的学习方向和成果。因此，教师应注重教学目标的明确和优化。在制定教学目标时，教师应充分考虑学生的实际情况和发展需求，确保目标既具有挑战性又具备可实现性。同时，在课程设计上，教师应注重内容的科学性和趣味性，合理安排学习进度，使每个课时都能达到预期的教学效果。通过明确和优化教学目标的设定与课程设计，教师能够更好地引导学生进行学习，提升学生的学习兴趣和动力。

（三）创新教学方法与手段的多样化应用

在教学过程中，教学方法和手段的选择与运用对于提高学生的学习效果和参与度至关重要。教师应摆脱传统教学的束缚，勇于创新，尝试多种教学方法和手段。例如，利用信息技术工具进行多媒体教学，通过视频、动画、模拟实验等方式，使抽象的知识变得生动具体；组织学生进行小组协作学习，培养他们的团队合作能力和创新思维；运用案例分析、角色扮演等教学方法，让学生在实践中学习和掌握知识。这样的多样化教学能够激发学生的学习兴趣，提高教学效果。

（四）构建积极互动的课堂氛围，激发学生的学习兴趣

一个积极互动的课堂氛围能够激发学生的学习热情，提高他们的参与度。教师应努力营造这样的氛围，鼓励学生积极参与课堂活动，勇于表达自己的观点和想法。教师可以通过提问、讨论、辩论等方式，引导学生思考问题，培养他们的批判性思维。同时，教师还可以设计一些有趣的游戏和活动，让学生在轻松愉快的氛围中学习，激发他们的学习兴趣和动力。

（五）关注个体差异，实施个性化教学策略

每个学生都是独特的个体，他们的学习需求和能力存在差异。教师应尊重这些差异，关注每个学生的个性特点和学习需求，实施个性化教学策略。这包括根据学生的兴趣和特长选择适合的教学内容和方法，提供个性化的学习资源和辅导，以及关注学生的学习进展和反馈，及时调整教学策略以满足他们的需求。这样的个性化教学能够更好地满足学生的学习需求，提高他们的学习效果和自信心。

（六）全面提升教师综合素质与专业能力

教学素养的提升不仅仅局限于教师对学科知识的掌握，还需要全面提升教师的综合素质和专业能力。教师应注重提高自己的语言表达能力、教学组织能力、沟通能力等综合素质，使自己能够更好地与学生、家长和同事交流互动。同时，教师还应加强教育教学理论的学习，了解最新的教育理念和教学方法，不断提升自己的专业能力。这样的全面提升能够使教师更好地应对教学挑战，提高教学质量。

（七）加强教学评价与反馈机制的建设

教学评价是教学质量的重要保障，教师应加强对学生学习过程和学习成果的评价，了解学生的学习情况和需求。教师可以通过定期的测试、作业和课堂表现等方式，收集学生的学习数据，分析他们的学习状况和困难，为后续的教学提供有力的依据。同时，教师还应及时给予学生有效的反馈和指导，帮助他们改进学习方法和提高学习效果。这样的评价与反馈机制能够使学生更好地了解自己的学习状况，明确学习方向，提高学习效果。

（八）积极参与教学研究与交流活动

教学研究是教师专业成长的重要途径，教师应积极参与教学研究与交流活动。教师可以通过参加研讨会、讲座、工作坊等活动，与同行进行教学经验的分享与交流，了解最新的教学理念和教学方法。同时，教师还可以参与课题研究、教材编写等活动，深化对学科知识的理解和应用。这样的教学研究与交流能够拓宽教师的视野，激发他们的创新思维，提高教学素养。

（九）注重自我反思与持续学习

教育教学是一个不断学习和进步的过程，教师应注重自我反思与持续学习。在每节课后，教师应反思自己的教学表现，总结经验和教训，思考如何改进教学方法和手段。同时，教师还应保持对新知识、新技能的学习热情，不断充实自己的知识储备和能力储备。这样的自我反思与持续学习能够使教师不断提升自己的教学素养，适应教育教学的发展变化。

（十）树立崇高的师德师风，成为学生的楷模

教师的师德师风对学生的成长和发展有着深远的影响。教师应从自身做起，树立崇高的师德师风，成为学生的楷模。这包括遵守职业道德规范、关爱学生、尊重家长和同事、以身作则等方面。同时，教师还应注重培养学生的道德品质和社会责任感，引导他们形成正确的世界观、人生观和价值观。这样的师德师风能够使学生受到良好的影响和教育，为他们的未来发展奠定坚实的基础。

第二节　信息素养

一、信息素养概述

在数字化时代，信息素养已经成为个体适应社会发展的核心能力，涵盖了识别、获取、加工处理信息及有效地利用、传递、创造信息的综合能力。这种能力通常从四个方面进行衡量：信息意识、信息知识、信息能力和信息道德。

信息意识是数字时代个体对信息重要性的深刻认识，对信息内在需求的敏

感性，以及对信息价值的精准判断力和洞察力。它是个体在数字化浪潮中前行的前提。

信息知识则是构建在数字化基础上的基础能力，它涉及对信息科学、数字资源和数字工具等方面知识的深入了解和掌握。这种能力为个体在数字世界中的活动提供了坚实的支撑。

信息能力作为核心，指的是个体在数字化环境中，能够恰当地选择数字资源和工具，高效地采集、加工处理、发布及创造信息的能力。这种能力在数字时代尤为关键，它决定了个体在信息社会中的竞争力。

信息道德则是数字时代个体行为的保障，它涉及对数字知识产权、信息来源可靠性、网络法律法规等的了解、判断和外在行为表现。良好的信息道德是维护数字社会和谐稳定的重要因素。

从数字化教学的角度来看，教师的信息素养应特别关注信息技术与课程的整合。这要求教师在具备基本信息素养的基础上，进一步提升自身的数字化教学能力。

二、教师信息素养的分类

1. 信息技能素养

教师应熟练掌握计算机和网络基础知识，能够熟练运用 PowerPoint、Authorware、Flash 等数字化工具制作教学课件。同时，教师应具备数字化信息的处理能力，包括对文字、图形、图像和音视频信息进行综合处理的能力，以及建立媒体逻辑链接的能力。此外，教师还应具备利用网络通信平台有效采集、加工处理、传递信息的能力，能够利用网络平台或自建网站与学生和同行进行交流和分享。

2. 课程整合素养

教师应能够根据学科特点和教育对象，围绕教学目标和教学内容，选择合适的数字化教学资源和工具，将其有机融入教学过程。教师应掌握数字化教学的基本流程，能够利用网络环境开展辅助教学和交互式教学，利用通信技术开展远程教学和移动学习。同时，教师还应了解信息技术与课程整合的现代教育理论，掌握数字化教学设计的方法论，以及数字化教学环境下的教与学方式。这样，教师才能真正发挥信息技术在优化教育、教学过程中的作用，提高教育教学质量和效果。

3. 信息意识素养

教师应具备强烈的数字化教学意识，积极学习和使用各种数字化工具来改进教学。教师应对数字信息的价值和来源可靠性具有较强的判断力和洞察力。同时，教师应了解并遵守与数字社会和文化相关的法律法规和知识产权规定，具备良好的数字伦理道德修养，能够抵御不良信息的侵害。

三、数字时代教师信息素养现状及应对

（一）教师对信息素养的重视度

目前，我国高职院校的教师在信息素养方面普遍存在不足，其中最为显著的问题是教师对信息化教学的忽视。许多教师并未充分认识到信息技术在教学中的重要作用，即使学校配备了先进的多媒体设备，其使用频率也相对较低。在参与信息技术或微课等教学竞赛时，教师的积极性和参与度也普遍不高，反映出对信息技术教育的淡漠态度。针对这一问题，高职院校必须加大对信息技术的宣传力度，提高教师对信息素养重要性的认识。只有当教师真正意识到信息技术在教学中的巨大潜力和价值时，他们才会主动学习和应用新技术，推动高职院校的信息化发展。信息技术的普及和应用已经深刻改变了教育领域。通过信息技术，教师可以更加高效地存储、分发和共享教学资源，拓宽了教学的应用领域。然而，许多教师仍然固守传统的教学方法和观念，即便在形式上采用了新的信息教育技术，但在实质上仍然过于注重教学和理论知识的融合，忽视了对学生自主学习能力和创新思维的培养。在信息传播的过程中，需要多个组织者或指导者的共同参与和协作。同样，在信息化教学中，也需要师生之间的紧密沟通与合作，共同推动教学质量的提升和学生综合素质的发展。因此，提高教师的信息素养不仅是教育现代化的必然要求，也是实现教育公平和提高教育质量的重要途径。

（二）教师在信息技术中的应用能力

如今，高职院校的学生们已经习惯并熟练掌握了利用手机、电脑等电子设备进行学习和阅读。面对这样的数字化学习趋势，教师们必须紧跟时代的步

伐，不断提升自身的数字化素养，以创造出适应学生需求的高质量教学内容。然而，调查显示，高职院校的教师群体普遍面临年龄偏大、数字化知识相对不足、操作技能薄弱的问题。这种情况直接制约了高职院校数字化教学的有效实施和质量的提升。

因此，高职院校需要迫切加强教师的数字化技能培训。通过系统的培训和指导，帮助教师掌握必要的数字化技术知识，提升他们的操作技能，为数字化教学的顺利开展创造有利条件。同时，教师也应主动学习，不断更新自身的数字化知识和技能，以适应数字化时代的教学需求。

值得注意的是，教师的数字化应用能力并不仅局限于课堂教学。在实际工作中，他们还需要将实践经验转化为数字化的教学资源，这也是教师专业素养的重要组成部分。然而，当前许多教师在这一方面的能力还有待提升，无法有效地将专业知识和实践经验转化为高质量的数字化教材和教学资源。

为此，高职院校应鼓励教师积极参与数字化教材编写和教学改革，通过总结和提炼实践经验，完善自身的专业知识体系，并利用数字化工具进行组织和呈现。这不仅有助于推动高等职业教育课程的建设，还能促进职业教育的数字化改革和发展，为学生提供更加丰富和优质的数字化学习资源和环境。

（三）教师的信息素养意识

在数字化时代的大潮中，部分高职教师虽已初步具备信息化意识，但受限于学校设备的不完善、学校对信息化教学的不够重视及缺乏相应规章制度支持，使得这些教师难以在教学过程中充分发挥其信息化技能。许多教师错误地认为，信息素养与他们的评估和考核并无直接关联，因此缺乏对信息技术的重视，更不愿主动提升自身的信息化技能，从而制约了高职院校在数字化教学领域的进步。

然而，在数字化时代，提高教师的信息素养变得至关重要。在这个日益多样化的多媒体和信息环境中，信息接收者不仅要能够接收和使用信息，更需要具备创新、合作、自主学习、终身学习及批判性思维等综合能力。这要求教师必须紧跟数字化时代的步伐，充分利用互联网技术和信息校园建设的成果，不断提升自身的信息素养，熟练掌握信息收集、处理和运用的能力，并将这些技能有效地传授给学生。

同时，教师还应引导学生以批判性的视角审视互联网信息，帮助他们学会辨识和判断信息的真伪与价值，从而培养他们终身学习的观念和持续发展的能力。在数字化时代，教师的角色不仅是知识的传递者，更是学生信息素养的引路人和培养者。因此，高职院校应高度重视教师的信息化意识培养，为他们提供必要的支持和帮助，共同推动数字化教学的深入发展。

第三节　学习素养

在个体与环境的动态互动中，学习扮演着至关重要的角色。这种互动不仅促使个体积累直观的物理经验，还推动其逐步提炼出逻辑数学的经验。对于职业教育而言，其与市场和企业的紧密联系决定了其教学内容、问题解决策略及思维方式必须随外界环境的快速变化而不断演进。因此，高职院校的教师和学生都需要具备较高的学习素养，以适应这种不断变化的外界环境。

学习并非仅针对学生的活动，教师同样需要持续学习。作为"四有"好教师的追求者，他们不仅要有坚定的理想信念和高尚的道德情操，还需要具备扎实的学识和仁爱之心。特别是在当前知识爆炸、信息飞速增长的时代，终身学习对教师而言尤为重要。随着企业行业的不断进步，高职院校教师需要紧跟时代前沿，学习最新的行业理念和技术，以确保教学内容与实际工作需求紧密对接。

高职院校教师信息化教学创新的成功，很大程度上依赖于学生的自主学习能力。特别是在课前阶段，学生的自主学习对于教师的二次备课和课堂教学具有深远的影响。因此，高职院校教师在提升自身学习素养的同时，也需要积极引导学生学会自主学习，培养他们成为具备独立思考和解决问题能力的新时代人才。

综上所述，高职院校教师信息化教学创新的实现离不开学习素养的支持。教师需要不断学习教育教学理论、专业行业知识与技能、信息技能等内容，并指导学生掌握自主学习能力，以适应不断变化的职业教育环境。

一、教师自我成长的终身学习之旅

教师的自我学习不仅是实现教育目标的核心动力，更是推动其专业持续发展的基石。作为知识的传播者和创新者，教师身处知识快速更新的时代洪流中,唯有保持终身学习的态度,才能避免被旧有的知识体系和思维模式所束缚。高职院校的教师尤其如此,他们肩负着培养高素质技术技能人才的重任,因此,持续学习、自我提升显得尤为重要。

当我们深入剖析教师的学习成果时,不难发现其涵盖了学习内容、学习途径和学习结果三个核心维度。这三者相互交织,共同构成了教师学习的完整画卷。

首先,高职院校教师的学习内容广泛而深入。他们不仅要钻研教育理论知识、掌握优秀的信息化教学方案,还要紧跟教育部相关文件的指导,不断更新自己的教育理念。同时,作为职业教育的从业者,他们还需深入了解行业企业的生产情况,掌握最新的专业技术,以便将最前沿的知识和技能传授给学生。此外,他们还需学习新的信息技术,掌握信息化教学资源的制作方法,以适应信息化教学的需求。这种全面的学习不仅提升了教师的专业素养,也为其信息化教学创新提供了坚实的理论支撑和实践基础。

其次,高职院校教师的学习途径多种多样。他们可以通过自我探索、自主学习来不断深化对教育教学理论的理解;可以通过学习同行的优秀经验和成果,来拓宽自己的教学视野;还可以吸纳专家的指导,借助他们的智慧和经验来提升自己的教学水平。此外,参与企业培训与调研、学习生产过程和行业新技术也是教师学习的重要途径。这种多元化的学习方式不仅促进了教师的个人成长,也推动了教师团队的整体进步。

最后,高职院校教师的学习结果体现在两个方面:一是教师专业发展成长,二是教师学习促进了学生发展与学习改善。通过学习,教师不仅提升了自身的专业素养和教学能力,也为学生提供了更加优质的教育资源和学习环境。同时,教师的学习也激发了学生的学习兴趣和动力,促进了学生的全面发展。这种双向的促进作用使得教师学习成为一种良性循环的过程。

总之,高职院校教师的自我学习是一场终身学习之旅。他们需要不断学习、不断探索、不断实践,以适应不断变化的教育环境和行业需求。同时,他们也需要与信息化教学创新相关的学习机会和学习环境相结合,以推动自己的专业成长和教学创新。

二、培养高职学生的自主学习能力

在当今教育领域,学生的自主学习能力已成为提升其学业成就的关键因素。正如苏霍姆林斯基所指出的，教会学生利用已有知识去获取知识，是教学的最高技巧。分析众多教案后，我们不难发现，无论是课前、课中还是课后阶段，自主学习都被视为教学实施流程中不可或缺的一环。

在高职院校的教学中，教师们精心设计了课前自主学习活动，以促进学生自主思考和学习。这些活动包括组建学习团队共同设计活动方案、通过微课自学与预习并完成测试题，以及收集资料制作 PPT 等。这些环节旨在让高职学生在教师的指导下，提前预习、主动探索，为后续的课堂教学打下坚实的基础。

然而，现实中，我们也面临着高职学生自主学习能力不足的挑战。许多教师在访谈中提到，学生的自主学习能力直接影响到信息化教学创新的推进。为了克服这一难题，高职院校教师不仅需要"会教"，更要注重"教会学生学习"，积极培养学生的自主学习能力。

要培养学生的自主学习能力，首先需要确立学生的主体地位，打破传统的以教师为中心的讲授式教学模式。在此过程中，教师需要从以下几个方面入手：

第一，教师需要信任学生，相信他们具备一定的学习心理条件与基础。尽管高职学生过去可能在学习上遭遇过挫折，但教师仍应给予他们足够的信任和理解，鼓励他们发挥主体作用，积极参与自主学习。

第二，针对高职学生主动学习意识不足的问题，教师可以通过多种方式激发他们的学习兴趣和自信心。例如，采用游戏化学习、小成果展示等方式，让学生在轻松愉快的氛围中体验学习的乐趣，从而产生主动学习的动力。

第三，教师需要传授学生有效的学习方法和策略。正所谓"授人以鱼不如授人以渔"，教师不仅要教学生知识，更要教他们如何学习。通过指导学生如何复习、记笔记等，帮助他们养成良好的学习习惯和策略。

第四，建立良好的师生关系对于培养学生的自主学习能力也至关重要。教师需要关注学生的心理需求，尊重他们的个性和差异，以真诚的态度和耐心指导他们学习。同时，通过设置加分奖励、树立学生榜样等外部条件，激发学生的学习动机和热情。

高职院校教师需要采取多种策略来引领学生学习，培养他们的自主学习能力。只有这样，才能确保信息化教学创新的顺利推进，实现教育教学的可持续发展。

第四节　个人特质

　　个人特质在教师教学创新中扮演着举足轻重的角色。有学者深入探讨了影响教师教学创新的个人因素，这些因素涵盖了教师的多维度个人属性。在个性方面，他们指出坚持、自信、好奇心及幽默感等特质对创新有积极促进作用。从家庭环境角度看，一个开放的教育方式及父母所展现的创新行为，无疑为教师提供了宝贵的创新灵感和动力。进一步地，教师的成长与教育经历也是塑造其创新能力的关键。例如，在成长过程中自创游戏和故事、与同学进行头脑风暴等经历，都有助于培养教师的创新思维和解决问题的能力。此外，教师的教学信念、动机及工作努力程度等内在动力，也是推动教学创新的重要因素。

　　另一部分学者则从另一角度揭示了创造力与个人特质的关系。他们认为，创造的自我效能感及积极的情感状态，是预测个体创造力的关键因素。这意味着，一个对自己教学能力充满信心的教师，以及能够积极面对教学挑战和困难的教师，更有可能在教学领域中实现创新。

一、交往能力的重要性

　　在高职院校的教育环境中，教师的交往能力是一项至关重要的能力，它涵盖了教师与学生之间的沟通，以及教师与教师之间的团队协作。这种交往能力不仅体现了高职院校教师的高情商，更是进行信息化教学创新不可或缺的关键素质。

　　首先，高职院校教师与学生之间的有效沟通是教育成功的基石。这种沟通的核心在于教师对学生具有深入的理解，这种理解不仅限于知识的传递，更在于对学生个体、需求、困惑及潜力的全面把握。正如《理解教育论》所强调的："理解学生，教在心灵。"[1] 这意味着，高职院校教师需要真正将学生视为与自己平等的主体，尊重他们的想法、情感和需求。只有这样，教师才能获取到真实的学情反馈，从而有针对性地调整教学策略，实现教学的改进与创新。

　　其次，信息化教学创新是一项复杂而庞大的工程，单凭一位教师的力量

---

[1] 熊川武，汪玲. 理解教育论 [M] 北京：教育科学出版社，2005.

是难以完成的。它需要高职院校教师团队之间的密切合作，各司其职，共同完成各项准备工作。在这个团队中，不同的教师扮演着不同的角色，有的负责理论的研究与梳理，有的负责信息化教学资源的建设，有的则负责将创意点付诸实践。这些工作看似独立，实则紧密相连，需要团队成员之间的紧密配合与协调。

然而，在实际的合作过程中，由于团队成员之间的背景、经验、想法等存在差异，难免会出现意见不合、配合不畅的情况。这就需要教师发挥自己的人际交往能力，以开放的心态、积极的态度去面对这些挑战，通过有效的沟通与交流，化解分歧，达成共识，共同推动信息化教学创新的进程。

因此，高职院校教师的交往能力不仅关乎个人的职业发展，更关系到整个教学团队乃至整个学校的教学改革与创新。只有具备了良好的交往能力，教师才能更好地与学生沟通、与同事合作，共同推动高职院校信息化教学的深入发展。

二、钻研精神的磨砺

高职院校教师在追求信息化教学创新的道路上，往往需要经历一个漫长而曲折的过程。这种创新并非一蹴而就，往往需要数年时间的积累与沉淀。在这个过程中，反复地修改、打磨和试验成为教师们的日常。这种不断追求卓越、深入钻研的精神，正是高职院校教师进行信息化教学创新所必备的。

高职院校教师作为社会中的一员，其生活并非只有信息化教学创新这一项任务。他们同样需要面对繁重的教学任务、学术研究、家庭事务等多重压力。然而，即便在这样的环境下，他们仍然需要坚持信息化教学创新的探索，这无疑是对他们抗压能力与钻研精神的极大考验。

在信息化教学创新的过程中，高职院校教师会遇到各种各样的挑战和难题。这些问题可能来自技术层面、教学资源层面，也可能来自教学实施层面。他们需要在繁忙的工作之余，花费大量的时间和精力去研究这些问题，寻找解决方案。同时，他们还需要面对家庭和工作上的其他事务，这使得整个创新过程更加复杂和艰难。

然而，正是这些挑战和困难，让高职院校教师的钻研精神得到了充分的磨砺。他们需要在痛苦与煎熬中坚持下来，不断地调整教学策略、优化教学资源、改进教学方法。这种持续的努力和追求，使得他们的信息化教学创新成果更加成熟和完善。

因此，高职院校教师的钻研精神是他们进行信息化教学创新的重要支撑。只有具备了这种精神，他们才能在漫长的创新过程中坚持下来，克服各种困难，实现教学上的突破和创新。这种精神不仅体现了教师们的专业素养和职业操守，也展示了他们对于教育事业的热爱和追求。

三、高职院校教师的创新能力是推动教育教学改革的关键动力

在当今这个快速变化的时代，高职院校教师的创新能力成为教育教学改革不可或缺的动力源泉。这种能力不仅体现在对行业前沿动态的敏锐捕捉和把握上，更在教师对新兴信息化手段和教学理念的持续关注和深入学习中得到了充分的体现。创新能力对于高职院校教师而言，已经成为一项基本要求，也是推动信息化教学创新的核心要素。

在高职院校这一特定的教育环境中，教师之间的相互影响和群体文化往往使得一些教师在教学上表现出从众行为。然而，要实现真正的信息化教学创新，教师首先需要摆脱这种思维惯性，勇于反思传统的、理所当然的教学方式。他们应该敢于不随大流、拒绝从众，以开放的心态和前瞻的视野，与时俱进地探索新的教学理念和方法。

信息化教学创新的本质在于如何让教学更具新意和吸引力。在这一过程中，高职院校教师展现出了非凡的创造力和智慧。他们不仅在教学目标、教学模式、教学资源等方面取得了显著的创新成果，更在如何产生这些创新创意上展现出了多样化的路径选择。这些创新选择并非简单地模仿或复制他人的经验，而是基于教师个人的独特思考和实践经验，以及对教育教学的深刻理解和洞察。

具体来说，高职院校教师的创新创意可能源于多个方面。一方面，他们可能从自身的教学经验中自发产生创意，这些创意可能已经在教学中得到了实施，但教师本人可能并未意识到其创新价值。另一方面，他们也可能从行业、企业乃至综艺节目中获取灵感，将这些创意点引入到教学中来。例如，与企业导师的沟通可能让教师了解到最新的技术动态和企业需求，从而更新教学

内容；益智类综艺中的游戏性和挑战性元素则可能为教学过程增添趣味性和吸引力。

除了创意的来源外，高职院校教师在创新过程中还严格遵守了四个核心的创新理念。首先，他们注重结合职业标准进行创新，确保教学内容和方式符合国家制定的职业标准和企业用人需求。其次，他们结合专业特点进行创新，特别是在公共基础课的教学中，注重渗透专业元素和考虑学生未来的职业发展。第三，他们结合课程特点进行创新，既注重思政元素的融入方式也关注不同课程在信息化教学资源建设上的差异。最后，他们结合培养方案进行创新，确保教学创新符合专业人才培养方案的要求和定位。

研究者根据资料统计了高职院校教师的教学创意来源与教学创新理念，如图 4-1 所示。

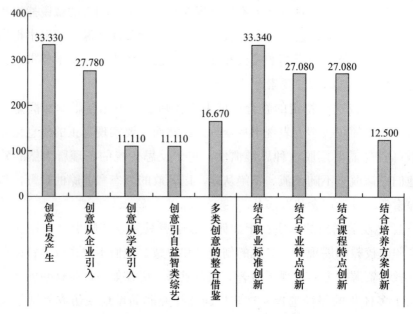

图 4-1　高职院校教师的教学创意来源与教学创新理念

第一，许多高职院校的教师在教学实践中自然而然地产生了创新的点子，可能已经在课堂上实施了这些想法，但并未意识到这本身就是一种创新。因此，这些教师需要通过学习理论知识，将自己的想法与理论相结合，以理论为指导，进一步提升和完善自己的创新点子。第二，如同经济学家约瑟夫·熊彼特所定义的创新概念，高职院校的教师在教学中积极引入新的元素，如新技术、新工艺、新的组织和管理方法。他们通过与企业的互动、参与企业实践和沟通，将企业中的创新带入教学，保持教学内容的新鲜度；同时，借助学校的创新资源，将已经证明有效的教学创新应用到自己的教学中，增强教学的系统性和连贯性；此外，还融入了综艺节目中的互动和游戏元素，使教学更加生动有趣，提高学生的参与度。第三，高职院校教师的创新还体现在将不同的创新点子进行有效整合。在多次教学能力竞赛中积累的丰富教学创新经验，一些教师能够从众多优秀案例中提取创新元素，并结合自己班级的实际情况，进行创新的综合和融合。

无论创新的想法源自何处，高职院校教师在进行教学创新时总是有明确目标和方向。综合分析资料后，可以发现高职院校教师恪守四项创新准则：

首先，高职院校教师强调结合职业标准进行教学创新。这一原则体现了高职教学的实用性导向，即确保课程内容与国家和企业制定的职业标准相吻合，构建符合职业要求的课程体系，使学生的学习内容与未来职场的实际需求相对接。

其次，高职院校教师注重结合专业特点进行教学创新。特别是在公共基础课程的教学中，他们认识到公共课程不仅要传授基础知识和提高学生的综合素质，还需要为学生未来的专业发展奠定基础。因此，他们在教学中积极渗透专业元素，将公共课程与专业课程相互融通，以更好地服务于学生的职业发展。

再次，高职院校教师还关注课程特点，根据课程特性进行教学创新。他们意识到不同课程在教学方法和资源建设上存在差异，因此需要根据课程特点选择恰当的教学策略。例如，在融入思政元素时，他们注重结合课程特点选择思政素材，避免生硬地灌输；在信息化教学资源建设上，他们针对不同课程类型建设不同的虚拟仿真平台，以满足不同课程的教学需求。

最后，高职院校教师强调教学创新需要与专业人才培养方案契合。他们认识到教学创新不是孤立的，而是需要与专业人才培养方案相结合，从培养方案中找到课程的定位，确定课程所培养的核心能力，以确保教学创新能够真正服务于人才培养的总体目标。

总之，高职院校教师需要具备一定的创新能力，以突破传统教学的束缚，实现信息化教学创新。同时，学校层面也需要实施相应的教育教学改革，为教师的教学创新提供支持和指导，共同推动高职教育教学质量的提升。

第五章

高职院校教师数字化职业素养的养成过程

在数字化时代，高职院校教师的数字化职业素养尤为重要，它不仅关系到教师的教学质量，还直接影响着学生的学习效果和未来职业发展。

第一节　高职院校教师数字化职业素养的养成环境

一、高职院校教师数字化职业素养养成环境的概述

（一）养成环境的定义

高职院校教师数字化职业素养养成环境，指的是在高职院校中，为促进教师形成和提升数字化职业素养而提供的各种条件、资源和氛围的总和。这个环境不仅包括了硬件设施、软件资源、政策制度等方面的支持，还涵盖了校园文化、学术交流、教学实践等多个层面。简而言之，它是一个多维度、立体化的综合体系，旨在通过全方位的支持和引导，帮助高职院校教师更好地适应数字化时代的教学需求，提升其数字化教学和科研能力。

（二）养成环境的特点

1. 技术先进性

在数字化职业素养的养成环境中，技术的先进性是一个显著特点。高职院校需要不断引进和更新教育技术设备，如智能教室、多媒体教学系统、在线教育平台等，以确保教师能够接触到最前沿的数字化教学工具和方法。这些先进技术不仅为教师提供了更多的教学手段，还能激发了学生的学习兴趣，提高教

学效果。

2. 资源丰富性

数字化职业素养的养成环境必须建立在丰富的教学资源基础之上。高职院校通过构建数字化资源库，整合各类电子教材、教学视频、网络课程等，为教师提供丰富多样的教学内容。此外，学校还鼓励教师自主开发数字化教学资源，形成具有本校特色的教学材料，进一步丰富教学资源库。

3. 政策导向性

在高职院校构建数字化职业素养养成环境的过程中，政策的导向作用不容忽视。为了引导和激励教师更加积极地参与数字化教学和科研活动中，学校通常会制定并实施一系列具有针对性的政策。

这些政策涵盖了多个方面，首先是教师培训计划。学校会定期组织数字化教学技能培训，确保教师能够熟练掌握最新的数字化教学工具和教学方法。此外，学校还会实行支持数字化教学项目的政策，为教师提供资金、技术等方面的支持，鼓励他们勇于尝试和创新，开发出更多优质的数字化教学资源。

同时，为了肯定和鼓励教师在数字化教学和科研方面取得的成果，学校还会实行科研成果奖励政策。这些奖励不仅是对教师工作的认可，更能激发他们的工作热情和创造力，进一步推动数字化教学的进一步发展。

通过这些政策的引导和激励，高职院校能够为教师打造一个良好的成长平台，促使他们不断提升自身的数字化职业素养，为学校的教学质量提升和科研水平提高贡献力量。

4. 文化包容性

高职院校在培育教师数字化职业素养的过程中，文化氛围的营造同样至关重要。一个充满开放、包容和创新精神的文化环境，能够为教师提供广阔的思维空间和创造平台，进而激发他们的创造力和探索精神。

为了实现这一目标，学校会积极举办各种学术交流活动和教学技能比赛。这些活动不仅促进了教师之间的交流与合作，还为他们提供了展示自我和相互学习的机会。在这种文化氛围的熏陶下，教师们更加愿意分享自己的经验和见解，共同为提高教学质量和科研水平而努力。

此外，学校还鼓励教师尝试不同的教学方法和手段，充分发挥他们的创新精神和实践能力。这种文化包容性不仅有助于提升教师的数字化职业素养，还能推动学校整体教学水平的持续提高。

5. 实践导向性

数字化职业素养的养成并非一蹴而就，而是需要通过长期的实践来不断锤炼和提升。高职院校深知实践的重要性，因此会为教师提供充足的实践教学机会。

其中，参与企业合作项目是一种非常有效的实践方式。通过与企业的紧密合作，教师能够深入了解行业的最新动态和实际需求，从而更有针对性地进行教学和科研工作。同时，这种合作模式还能帮助教师建立起与行业前沿的紧密联系，为他们的职业发展奠定坚实基础。

另外，指导学生参加技能竞赛也是提升教师数字化职业素养的有效途径。在指导学生的过程中，教师需要不断更新自己的知识储备和技能水平，以确保能够为学生提供最有价值的指导和建议。这种实践导向性的养成环境不仅有助于教师的个人成长，还能促进学校整体教学质量的提升。

6. 动态更新性

随着科技的飞速发展和教育理念的不断创新，数字化职业素养的养成环境也需要与时俱进，保持动态更新。高职院校必须密切关注行业动态和教育发展趋势，以便及时调整和完善养成环境的内容和形式。

为了实现这一目标，学校会定期组织市场调研和学术交流活动，以获取最新的行业信息和教育理念。同时，学校还会鼓励教师积极参加各类培训和研讨会，以便及时了解和掌握最新的数字化教学技术和方法。

通过这种动态更新的养成环境，高职院校能够确保教师的数字化职业素养始终与时代发展保持同步。这不仅有助于提升教师的教学水平，还能使他们在激烈的市场竞争中保持领先地位。

7. 个性化需求满足

每位教师的数字化职业素养水平和需求都是独一无二的。为了更好地满足教师的个性化需求，高职院校在构建养成环境时会充分考虑这一点，并提供定制化的培训和支持方案。

学校会根据教师的实际情况和职业发展目标，为他们量身定制培训计划和发展路径。这种个性化的养成方式不仅有助于提高教师的满意度和归属感，还能更有效地促进他们数字化职业素养的提升。

同时，学校还会设立专门的咨询服务机构，为教师提供一对一的指导和帮助。无论是教学技能的提升还是科研方向的选择，这些咨询服务都能为教师提供宝贵的建议和支持。

在这种个性化的养成环境中，高职院校能够最大限度地发挥每位教师的潜力和才能，为学校的长远发展储备更多优秀人才。

（三）养成环境对数字化职业素养培养的重要性

养成环境作为教师数字化职业素养培养的重要支撑，其重要性不言而喻。以下将详细阐述养成环境对数字化职业素养培养的重要性。

1．提供先进的技术支持与资源保障

养成环境首先为教师提供了先进的技术支持与丰富的教学资源，这是培养教师数字化职业素养的基础。在数字化教学中，教师需要掌握并熟练运用各种数字化工具和平台，如多媒体教学软件、网络教学平台等。而这些工具和平台的熟练掌握，离不开学校提供的先进技术设备和持续的技术支持。同时，丰富的教学资源也是教师进行数字化教学的重要保障，这些资源包括电子教材、教学视频、在线课程等，它们可以大大丰富教学内容，提高教学效果。

2．营造良好的数字化教学氛围

通过营造良好的数字化教学氛围，激发教师对数字化教学的热情和兴趣。一个良好的氛围能够让教师更加积极地探索数字化教学的方法和技巧，主动提升自己的数字化职业素养。学校可以通过举办数字化教学技能比赛、开展数字化教学经验交流会等活动，促进教师之间的交流与合作，形成良好的数字化教学氛围。

3．提供政策与制度支持

养成环境还包括学校提供的政策与制度支持，这对教师的数字化职业素养培养具有积极的推动作用。学校可以出台相关政策，如提供数字化教学培训、设立数字化教学项目基金等，以鼓励和支持教师进行数字化教学和科研工作。同时，学校还可以建立完善的激励机制，对在数字化教学和科研方面取得突出成绩的教师给予表彰和奖励，从而激发教师提升数字化职业素养的积极性和创造力。

4．促进教师之间的交流与合作

养成环境为教师提供了广阔的交流与合作的平台，这对于提升教师的数字化职业素养具有重要意义。在数字化时代背景下，教师需要不断更新自己的知识和技能，以适应不断变化的教学需求。通过交流与合作，教师可以共享教学资源、探讨教学方法、解决教学问题，从而共同提升数字化职业素养。此外，学校还可以邀请行业专家、学者举办讲座或实地指导，为教师提供更多的学习机会和资源。

5. 推动教师教学理念与方法的创新

养成环境不仅提供了技术和资源支持，还鼓励教师在教学理念和方法上进行创新。在数字化时代背景下，传统的教学模式已经难以满足学生的学习需求。因此，教师需要不断探索和创新教学理念和方法，以提高教学效果和质量。养成环境为教师提供了广阔的创新空间和实践机会，使教师能够在实践中不断尝试新的教学理念和方法，从而推动数字化职业素养的不断提升。

6. 增强教师的职业认同感和归属感

一个优质的养成环境能够让教师感受到学校的关心和支持，从而增强他们的职业认同感和归属感。当教师对自己的职业充满热情和认同感时，他们会更加努力地提升自己的数字化职业素养，以更好地服务于学生和教育事业。此外，养成环境还可以为教师提供更多的职业发展机会和空间，使他们在工作中不断实现自我价值，提高工作满意度和幸福感。

二、高职院校内部环境分析

在探讨高职院校教师数字化职业素养的养成环境时，高职院校内部环境是一个不可忽视的关键因素。高职院校的内部环境，包括硬件设施、软件资源、文化氛围、政策导向等多个方面，都对教师的数字化职业素养培养产生深远影响。以下是对高职院校内部环境的详细分析。

（一）硬件设施环境

高职院校的硬件设施是教师进行数字化教学的基础。这包括数字化教室、多媒体教学设备、校园网络等。数字化教室配备了先进的多媒体教学系统，使教师能够利用电子课件、网络教学资源进行授课，丰富了教学手段，提高了教学效果。同时，高速稳定的校园网络为教师提供了便捷的信息检索、资源下载和在线交流渠道，有助于教师及时获取最新的教育信息和教学资源。

然而，硬件设施的建设并非一蹴而就，需要高职院校持续投入资金进行更新和维护。因此，高职院校应重视硬件设施的规划与建设，确保为教师提供稳定、高效的数字化教学环境。

（二）软件资源环境

除了硬件设施外，高职院校的软件资源也是影响教师数字化职业素养的重要因素。软件资源主要包括数字化教学资源库、教学管理系统、在线学习平台等。数字化教学资源库为教师提供了丰富的教学素材和案例，便于教师进行教学设计和课件制作。教学管理系统则能够帮助教师高效地进行课程安排、学生管理、成绩录入等工作，减轻教师的教学负担。在线学习平台则为学生提供了自主学习和远程学习的机会，同时也为教师提供了与学生进行在线互动和交流的平台。

高职院校应不断完善软件资源环境，提高资源的丰富性和易用性，以满足教师数字化教学的需求。

（三）文化氛围环境

高职院校的文化氛围对教师数字化职业素养的培养具有潜移默化的影响。一个开放、包容、创新的文化氛围能够激发教师的创造力和探索精神，使他们更加积极地投身于数字化教学和科研工作中。高职院校可以通过举办各种学术交流活动、教学技能比赛、数字化教学研讨会等，促进教师之间的交流与合作，形成良好的学术氛围。同时，高职院校还应鼓励教师进行教学创新，为教师提供展示自己才华的舞台，激发教师的教学热情。

（四）政策导向环境

高职院校的政策导向对教师的数字化职业素养培养具有直接的推动作用。高职院校应出台相关政策，明确数字化教学的地位和重要性，为教师提供数字化教学的指导和支持。例如，可以设立数字化教学项目基金，鼓励教师进行数字化教学研究和实践；制定数字化教学培训计划，提高教师的数字化教学能力；建立完善的激励机制，对在数字化教学和科研方面取得突出成绩的教师给予表彰和奖励。这些政策不仅能够激发教师的积极性，还能够为教师的数字化职业素养培养提供有力的保障。

三、高职教育大环境分析

在探讨高职院校教师数字化职业素养的养成环境时，外部大环境同样是一个不可忽视的重要因素。高职教育大环境包括社会环境、政策环境、经济环境、技术环境、资源环境等多个方面，这些环境因素都对高职院校教师的数字化职业素养培养产生直接或间接的影响。以下是对高职院校外部环境的详细分析：

（一）社会环境

1．数字化的社会趋势

在信息技术高歌猛进的时代背景下，数字化已经渗透到了社会的每一个角落。这种广泛而深入的影响，使得数字化能力成为当今社会衡量人才的重要标准。特别是对于高职院校的教师而言，他们的数字化职业素养不仅关乎个人的教学能力，更直接影响着学生的未来职业发展。社会对他们的期待也随之水涨船高，要求他们不仅具备扎实的专业知识，还需要拥有高超的数字化技能。

2．高职教育的社会认同度提升

与此同时，社会对高职教育的看法也在经历着深刻的转变。越来越多的人开始认识到，高职教育在培养专业技能人才方面的重要作用。这种认知上的变化，为高职院校的发展开辟了新的道路，也为教师提供了更多的发展机会。高职院校应当敏锐地捕捉到这一社会趋势，通过提升教师的数字化职业素养，来进一步提高教学质量，从而培养出更多符合社会需求的高素质人才。

（二）政策环境

1．政府对高职教育的重视

近年来，我们可以清晰地看到，政府在推动高职教育发展方面所做出的巨大努力。一系列的政策措施相继出台，旨在支持并引导高职教育的健康发展。特别是在教育信息化、数字化方面，政府更是给予了前所未有的关注和支持。

2．政策对教师数字化职业素养的推动

这些政策措施不仅为高职院校的发展提供了坚实的政策保障，还为教师的数字化职业素养培养创造了有利的外部环境。例如，政府鼓励高职院校加强信息化建设，积极推广数字化教育资源，并大力提升教师的信息技术应用能力。

在这样的政策引导下，高职院校应当充分把握机遇，利用政策优势，积极推动教师的数字化职业素养提升。

（三）经济环境

1．产业升级对人才的新要求

随着经济的持续快速发展，产业结构正在经历着深刻的变革。这种变革对人才的需求也产生了深远的影响。如今，企业更加青睐于那些既具备专业知识又掌握数字化技能的人才。这无疑对高职院校的人才培养模式提出了新的挑战。

2．经济发展为高职教育提供的新机遇

然而，挑战与机遇并存。经济的快速发展也为高职院校带来了更多的资金来源和合作机会。通过与企业的深度合作、开展社会服务等方式，高职院校不仅可以筹集到更多的资金来改善教学条件，还可以提高教师的薪酬待遇，从而吸引并留住更多的优秀教师人才。这些优秀教师人才的加入，无疑会进一步提升高职院校的教学质量和社会影响力。

（四）技术环境

1．数字化教学技术的普及与发展

随着信息技术的不断进步，数字化教学技术已经在高职院校中得到了广泛应用。例如，多媒体教学、网络教学平台、虚拟现实技术等，都为教师提供了更加丰富多样的教学手段。这些技术的普及不仅提升了教学效果，也促使教师必须不断更新自己的技术知识和技能。

2．教师技术培训与支持

高职院校普遍重视教师的技术培训，定期或不定期地组织各类技术培训课程，如计算机操作技能、网络教学平台使用等。这些培训旨在帮助教师熟练掌握数字化教学工具，提高其数字化教学能力。此外，学校还提供技术支持服务，帮助教师解决在使用数字化工具过程中遇到的问题。

3．技术挑战与应对

虽然数字化教学技术带来了诸多便利，但教师也面临着一些技术挑战。例如，如何有效地整合各种数字化教学资源，如何设计具有创新性的数字化教学活动等。为了应对这些挑战，教师需要不断学习和探索，同时学校也应提供相应的支持和指导。

（五）资源环境

1. 数字化教学资源库建设

高职院校纷纷建立了自己的数字化教学资源库，其中包含了丰富的教学课件、案例库、试题库等。这些资源为教师备课和教学提供了极大的便利，同时也促进了教学资源的共享和优化。

2. 在线学习平台与资源

随着在线教育的兴起，越来越多的在线学习平台成为教师获取教学资源的重要途径。这些平台不仅提供了大量的在线课程和学习资料，还为教师提供了与学生进行在线互动和交流的功能。

3. 校企合作与资源共享

高职院校积极与企业合作，共同开发教学资源，实现资源共享。这种合作模式不仅丰富了教学内容，还使教学更加贴近行业实际需求。同时，企业也可以为学校提供最新的行业信息和技术支持。

4. 资源挑战与资源整合

虽然高职院校在资源建设方面取得了显著成效，但仍面临一些挑战。例如，如何避免资源的重复建设、如何确保资源的质量和更新速度等。为了解决这些问题，高职院校需要加强资源的整合和优化工作，建立有效的资源共享机制。

第二节　高职院校教师数字化职业素养的养成阶段

一、数字化职业素养养成阶段的概述

（一）数字化职业素养养成阶段的概念

数字化职业素养养成阶段，指的是高职院校教师在职业发展过程中，通过不断学习和实践，逐步培养和提升自身在数字化教学、科研、管理等方面的能力和素质的过程。这一过程是循序渐进的，通常可以划分为几个关键阶段，每个阶段都有其特定的学习目标和发展重点。

在数字化时代背景下，教师的角色已经从传统的知识传授者转变为学生学习和成长的引导者和促进者。这就要求教师必须具备高度的数字化职业素养，能够熟练运用各种数字化工具和资源，创新教学方式方法，提高教学效果。因此，数字化职业素养养成阶段是教师适应时代发展、提升自身竞争力的重要过程。

（二）数字化职业素养养成阶段的特点

1. 阶段性

数字化职业素养的养成不是一蹴而就的，而是分阶段逐步形成的。每个阶段都有其特定的目标和要求，教师需要按照阶段特点进行有针对性的学习和实践。

2. 实践性

数字化职业素养的养成离不开实践。教师需要在实际的教学和科研活动中不断尝试和应用所学的数字化知识和技能，通过实践来检验和提升自身的数字化职业素养。

3. 持续性

数字化技术和教育理念在不断更新和发展，因此教师的数字化职业素养也需要与时俱进。教师需要保持持续学习的态度，不断更新自己的知识和技能，以适应不断变化的教育环境。

4. 综合性

数字化职业素养不仅仅局限于某一种具体的技能或知识，而是涵盖了多个方面，如数字化教学理念、数字化教学资源整合能力、数字化教学评价能力等。教师需要全面发展自己的数字化职业素养，以更好地服务于教学和科研工作。

（三）高职院校教师数字化职业素养养成的意义

1. 提升教学质量

通过养成数字化职业素养，教师能够熟练运用各种数字化工具和资源，创新教学方式方法，使教学更加生动、形象、有趣。这不仅可以激发学生的学习兴趣和积极性，还可以提高教学效果和质量。

2．促进学生全面发展

数字化教学可以为学生提供更加丰富、多样的学习资源和交互方式，有助于培养学生的自主学习能力、创新思维和协作精神。教师的数字化职业素养的养成对于促进学生的全面发展具有重要意义。

3．推动教育信息化发展

教师是教育信息化的重要推动者和实践者。通过养成数字化职业素养，教师能够更好地理解和应用教育信息化理念和技术，推动教育信息化在高职院校的深入发展。

4．增强教师竞争力

在数字化时代背景下，具备高度数字化职业素养的教师将更具竞争力。他们不仅能够适应现代教育的发展趋势，还能够为学生提供更加优质的教学服务，从而在激烈的教育竞争中脱颖而出。

5．促进教师专业发展

数字化职业素养的养成是教师专业发展的重要组成部分。通过不断学习和实践数字化教学理念和技能，教师可以不断拓宽自己的专业视野、加大自己的知识储备，提升自身的专业素养和教育教学能力。

二、起点差异

在高职院校教师数字化职业素养的养成过程中，起点差异是一个不容忽视的现象。这种差异主要体现在教师接触数字化教学的初始时间、对数字化技术的熟悉程度，以及运用数字化工具进行教学的能力等方面。起点差异不仅影响着教师个体在数字化职业素养养成过程中的发展轨迹，也关系到整个高职院校数字化教学改革的推进速度和效果。

（一）接触数字化教学的初始时间不同

一些教师可能较早地接触到了数字化教学理念和工具，他们有更多的时间和机会去尝试、探索和实践。这些教师在数字化职业素养的养成上往往具有先发优势，能够更熟练地运用数字化技术进行教学设计和实施。然而，也有一些教师相对较晚才开始接触数字化教学，他们可能需要花费更多的时间和精力去弥补这一差距。

（二）对数字化技术的熟悉程度不同

一些教师可能对数字化技术有着浓厚的兴趣，他们在日常生活中就经常使用各种数字化工具和平台，因此对数字化技术有着较深的了解和掌握。这些教师在数字化职业素养的养成过程中，能够更快地适应和掌握新的数字化教学工具和方法。相反，一些对数字化技术不太熟悉的教师，则需要从头开始学习和掌握相关知识，这在一定程度上会影响他们的数字化职业素养养成速度。

（三）运用数字化工具进行教学的能力不同

有些教师可能具有较强的学习能力和创新能力，他们能够迅速地将数字化工具融入自己的教学中，创造出新颖、有趣的教学方式和方法。这些教师的教学往往更能够吸引学生的注意力，提高教学效果。然而，也有一些教师在运用数字化工具进行教学时显得力不从心，他们可能需要更多的指导和帮助才能逐渐提高自己的数字化教学能力。

起点差异对高职院校教师数字化职业素养的养成具有重要影响。一方面，起点高的教师能够更快地适应数字化教学改革的要求，更好地运用数字化工具进行教学创新；另一方面，起点低的教师则需要付出更多的努力和时间来提升自己的数字化职业素养。为了缩小这种起点差异，高职院校可以采取一系列措施，如加强教师的数字化教学培训、开展教师之间的数字化教学经验交流、提供丰富的数字化教学资源等。

同时，教师自身也应该正视起点差异，积极寻求提升和进步。起点低的教师可以通过自主学习、参加培训、向同行请教等方式来提高自己的数字化职业素养；起点高的教师则应该继续保持和发扬自己的优势，同时积极帮助和指导其他教师，共同推动高职院校数字化教学改革的进程。

三、初级阶段：数字化意识的觉醒

在高职院校教师数字化职业素养的养成过程中，初级阶段是至关重要的一环，它标志着教师从传统教学模式向数字化教学模式的转变。在这一阶段，教师需要经历数字化意识的觉醒，开始对数字化教学有初步的认识，理解数字化教学与传统教学的区别，并逐步掌握一些基本的数字化技能。

（一）教师对数字化的初步认识

在初级阶段，高职院校教师开始对数字化产生初步的认识。这种认识源于现代教育技术的发展及教育信息化的推进。教师们逐渐意识到，数字化已经不再是一个遥不可及的概念，而是正在深刻地改变着教育领域的教学模式和学习方式。

教师们开始关注到，数字化技术为教学提供了前所未有的便利和可能性。通过数字化工具，教师可以更加便捷地获取和整合教学资源，丰富教学内容和形式。同时，数字化技术也为学生提供了更加自主、灵活的学习方式，有助于激发学生的学习兴趣和积极性。

在这一阶段，教师们还会认识到数字化教学对于提升教学效果、促进学生全面发展的重要意义。他们开始思考如何将数字化技术融入自己的教学中，以改变传统教学模式的弊端，提高教学质量。

（二）数字化教学与传统教学的对比

在初级阶段，教师需要深入理解数字化教学与传统教学的区别，以便更好地把握数字化教学的特点和优势。

首先，在教学模式上，传统教学往往以教师为中心，注重知识的灌输和传授；而数字化教学则更加注重学生的主体地位，强调学生的自主学习和探究。数字化教学通过丰富的数字化资源和交互性强的学习平台，为学生提供更多的学习选择和路径，有助于培养学生的自主学习能力和创新思维。

其次，在教学资源上，传统教学主要依赖纸质教材和有限的实物教具；而数字化教学则可以利用海量的网络资源和多媒体教学软件，为学生提供更加生动、形象的学习材料。这些数字化资源不仅丰富了教学内容，还使教学更加直观、有趣，有助于提高学生的学习兴趣和效果。

最后，在评价方式上，传统教学主要采用纸笔测试等终结性评价方式；而数字化教学则可以利用数字化工具进行实时、动态的过程性评价，更加全面地了解学生的学习情况和进步。这种评价方式有助于教师及时调整教学策略，满足学生的个性化学习需求。

（三）初级阶段应掌握的基本数字化技能

在初级阶段，教师需要掌握一些基本的数字化技能，以便为后续的数字化教学打下基础。这些技能包括以下内容。

1．基本计算机操作能力

教师需要熟练掌握计算机的基本操作，如文件管理、文字处理、表格制作等。这些技能是数字化教学的基础，有助于教师高效地处理教学材料和制作教学课件。

2．多媒体教学软件使用能力

教师需要学会使用常用的多媒体教学软件，如 PowerPoint、Flash 等。这些软件可以帮助教师制作生动、形象的课件和动画，提高教学效果。

3．网络资源搜索和整合能力

教师需要学会利用搜索引擎和在线资源平台，快速找到并整合所需的教学资源。这种能力有助于教师丰富教学内容，提高教学的时效性和针对性。

4．基本的网络通信技能

教师需要掌握电子邮件、即时通信工具等网络通信技能，以便与学生和其他教师进行及时、有效的沟通。这种沟通方式有助于教师了解学生的学习情况，提供个性化的学习支持。

四、中级阶段：数字化技能的提升与实践

在高职院校教师数字化职业素养养成的中级阶段，教师已经初步觉醒了数字化意识，并掌握了基本的数字化技能。这一阶段，教师需要进一步提升数字化技能，并将其应用于教学实践中，不断探索和优化数字化教学方法。

（一）深入学习数字化教学工具与平台

在中级阶段，教师需要更加深入地学习各种数字化教学工具和平台，以便更好地满足教学需求。这包括但不限于对在线教育平台、互动课堂软件、在线评估和反馈系统等的学习和使用。教师应该充分了解这些工具的特性和优势，并能够根据教学内容和学生特点选择合适的工具进行教学。

例如，教师可以通过在线教育平台创建和管理课程，发布学习资源和作业，与学生进行在线交流和讨论。互动课堂软件则可以帮助教师设计富有趣味性和交互性的课堂活动，提高学生的参与度。同时，教师还可以利用在线评估和反馈系统及时了解学生的学习情况，调整教学策略。

在学习这些数字化教学工具与平台的过程中，教师应该注重实践操作，通过不断的尝试和调整，熟练掌握这些工具的使用方法。此外，教师还应该关注新技术和新工具的发展动态，及时更新自己的知识和技能，以适应数字化教学的新趋势。

（二）数字化教学资源的整合与利用

在中级阶段，教师需要学会有效地整合和利用数字化教学资源，以丰富教学内容和提升教学效果。数字化教学资源包括网络课件、电子图书、在线视频、虚拟实验室等，这些资源具有信息量大、更新迅速、交互性强等特点，可以为教学提供有力的支持。

教师应该掌握搜索、筛选和整合数字化教学资源的方法，确保所选资源与教学目标的契合度。同时，教师还应该注重资源的更新和优化，及时淘汰过时或低效的资源，补充新的、高质量的教学资源。

在利用数字化教学资源时，教师需要注重资源的呈现方式和时机。例如，可以通过多媒体课件展示生动形象的图片和视频，帮助学生更好地理解抽象概念；可以利用虚拟实验室进行模拟实验，提高学生的实践能力和创新思维。此外，教师还可以鼓励学生自主搜索和利用数字化教学资源，培养学生的自主学习能力和信息素养。

（三）实践中的数字化教学经验分享

在中级阶段，教师需要通过实践不断积累数字化教学经验，并积极与其他教师进行分享和交流。数字化教学实践是检验教师数字化职业素养的重要标准，也是提升数字化教学能力的重要途径。

教师可以通过参加教学研讨会、撰写教学案例、开展教学观摩等方式，与其他教师分享自己的数字化教学经验。在分享过程中，教师应该注重客观性和实用性，详细介绍自己在教学实践中遇到的问题和解决方法，以及取得的成效和反思。同时，教师还应该积极听取其他教师的意见和建议，不断改进和完善自己的教学方法。

通过经验分享和交流，教师可以拓宽视野、汲取灵感，了解更多的数字化教学策略和技巧。这不仅有助于提升教师的数字化教学能力，还可以促进教师之间的合作与共进，推动高职院校数字化教学改革的深入发展。

五、高级阶段：数字化创新与教学融合

在高职院校教师数字化职业素养养成的高级阶段，教师不仅熟练掌握了数字化教学的基本技能，而且开始追求数字化教学的创新与深度融合。这一阶段，教师将致力于探索数字化教学的新模式与新方法，构建科学的数字化教学评价体系，并实施个性化教学策略，以满足学生多样化的学习需求。

（一）探索数字化教学的新模式与新方法

在高级阶段，教师不再满足于传统的数字化教学手段，而是开始积极探索数字化教学的新模式与新方法。随着技术的发展和教育理念的更新，数字化教学领域涌现出了许多创新的教学模式，如翻转课堂、慕课（MOOC）、微课、混合式学习等。

翻转课堂将传统课堂中的知识传授与内化过程进行颠倒，学生在课前通过在线视频等资源自主学习新知识，课堂上则通过小组讨论、案例分析等方式深化理解和应用。这种模式有效促进了学生的主动学习与合作探究。

慕课和微课则利用网络平台，提供大规模开放在线课程，使学习资源和教育机会更加均等。教师可以通过参与慕课制作或利用微课资源进行辅助教学，拓宽教学渠道，提升教学质量。

混合式学习结合了面对面教学和在线学习的优势，通过线上线下的有机结合，提供更加灵活多样的学习方式。教师需要精心设计混合式学习方案，确保线上线下的教学内容相互衔接、互为补充。

在探索这些新模式与新方法的过程中，教师需要不断尝试、反思和调整，以找到最适合自己和学生的教学方式。同时，教师还应保持开放的心态，积极学习借鉴他人的成功经验，不断丰富和完善自己的数字化教学手段。

（二）数字化教学评价体系的构建

在高级阶段，构建科学的数字化教学评价体系是教师数字化职业素养的重要体现。数字化教学评价旨在全面、客观地评估学生的学习成果和教师的教学效果，为教学改进提供有力依据。

1. 明确评价目标和评价标准

评价目标应与教学目标相一致，教师需要关注学生在知识、技能和情感态度等方面的发展。评价标准则应具有可操作性、可观测性和可衡量性，以便准确反映学生的学习情况。

2．选择合适的评价方法和工具

数字化教学评价可以采用多种形式，如在线测试、学习日志、作品展示、同伴评价等。教师应根据学生的实际情况和教学需求，选择最合适的评价方法和工具，以确保评价的准确性和有效性。

3．合理利用评价结果

评价结果不仅可以用于评定学生的学习成绩，还可以为教师提供教学反馈和改进建议。教师应认真分析评价结果，找出教学中存在的问题和不足，及时调整教学策略，以提升教学质量。

（三）数字化环境下的个性化教学策略

在高级阶段，教师还应关注数字化环境下的个性化教学策略。随着教育信息化的深入发展，个性化教学已成为教育改革的重要趋势。数字化技术为教师提供了丰富的教学资源和灵活的教学手段，有助于实现因材施教的教育理念。

1．充分了解学生的学习特点和需求

通过对学生学习风格、兴趣爱好、学习基础等方面的深入了解，教师可以为每个学生制订个性化的学习计划和发展目标。

2．利用数字化技术提供个性化的学习资源和学习路径

通过智能推荐系统、在线学习平台等工具，教师可以根据学生的实际需求推送合适的学习资源，帮助学生实现自主学习和个性化发展。

3．实施个性化的教学辅导和反馈机制

通过在线交流、实时互动等方式，教师可以及时了解学生的学习情况和问题，提供针对性的辅导和支持。同时，教师还可以利用大数据和人工智能技术对学生的学习过程进行分析和预测，为后续的个性化教学提供科学依据。

六、持续发展阶段：数字化职业素养的终身学习与更新

在数字化时代，教育技术和教学理念不断更新迭代，高职院校教师必须保

持持续学习和进步，以适应这一快速发展的趋势。持续发展阶段是教师在数字化职业素养上不断追求卓越的过程，它要求教师不仅关注当前的数字化教育实践，还要积极关注数字化教育的前沿动态，通过参加专业培训与学术交流来拓宽视野，同时加强教师之间的数字化教学经验交流与合作。

（一）关注数字化教育的前沿动态

随着科技的飞速发展，数字化教育领域的新技术、新应用层出不穷。教师要保持敏锐的洞察力，时刻关注国内外数字化教育的前沿动态，了解最新的教育理念、技术趋势和应用案例。这包括但不限于人工智能在教育中的应用、虚拟现实与增强现实技术的教学实践、大数据驱动的教育决策等。

教师可以通过阅读专业期刊、参加行业研讨会、订阅教育科技新闻等方式，及时获取最新的数字化教育资讯。同时，教师还可以尝试将前沿技术引入自己的教学实践中，不断探索和创新教学方式，提升教学效果。

（二）参加专业培训与学术交流，拓宽视野

教师要想不断提升自己的数字化职业素养，参加专业培训与学术交流是必不可少的环节。通过参加各类数字化教育相关的培训课程、研讨会和学术会议，教师可以系统地学习最新的数字化教学理论和实践技能，了解同行们的教学经验和研究成果。

在专业培训中，教师应重点关注那些与自己教学实践密切相关的内容，如数字化教学工具的使用技巧、在线课程的设计与开发、学生数字化学习能力的培养等。同时，教师也要学会如何将培训中学到的知识和技能转化为实际的教学行动，以提高自己的教学质量。

此外，教师还可以通过学术交流活动，与来自不同地区的教师和教育专家进行深入的探讨和交流。这不仅有助于拓宽教师的视野，了解不同地域、不同文化背景下的数字化教学实践，还能激发教师的创新思维，为自身的教学改革提供灵感。

（三）教师之间的数字化教学经验交流与合作

在持续发展阶段，教师之间的数字化教学经验交流与合作显得尤为重要。每个教师在数字化教学过程中都会遇到不同的问题和挑战，通过交流和合作，

可以相互借鉴、取长补短，共同提高。

教师可以利用学校内部的教研活动、教学沙龙等平台，分享自己的数字化教学经验，探讨教学中遇到的问题及解决方案。同时，教师还可以积极参与校际的数字化教学研讨活动，与更多同行进行深入的交流与合作。

在交流过程中，教师要保持开放的心态，勇于承认自己的不足，虚心向他人学习。同时，教师也要善于总结和提炼自己的教学经验，形成具有个人特色的数字化教学方法和策略。

通过持续不断地关注前沿动态、参加专业培训与学术交流以及加强教师之间的经验交流与合作，教师可以不断提升自己的数字化职业素养和教学能力。这不仅有助于教师个人的职业发展，更能为高职院校的数字化教学改革注入新的活力和动力。

七、对未来数字化教育发展的展望与建议

（一）对未来数字化教育发展的展望

随着科技的飞速进步，未来的数字化教育发展将迎来前所未有的机遇。我们可以预见到，数字化技术将更加深入地与教育领域融合，推动教育模式的持续创新。

首先，人工智能将在教育领域发挥巨大作用。通过精确的数据分析，人工智能可以为学生提供更加个性化的学习方案，帮助教师更准确地了解学生的学习情况，从而实现因材施教。同时，智能教学助手和智能评估系统的出现，将极大地减轻教师的工作负担，提高教学效率。

其次，虚拟现实（VR）和增强现实（AR）技术将为教育带来革命性的变革。这些技术能够创造出身临其境的学习环境，让学生在虚拟空间中进行实践操作，提高学习的趣味性和实效性。例如，在医学、机械等领域，学生可以通过 VR/AR 技术进行模拟实验，获得更加直观的学习体验。

最后，5G、物联网等新一代信息技术的普及，将使得在线教育更加流畅、高效。高清视频、实时互动将成为在线教育的标配，打破地域限制，让优质教育资源惠及更多学生。

（二）对未来数字化教育发展的建议

为了推动未来数字化教育的健康发展，我们提出以下建议：

1．加强数字化教育基础设施建设

政府和教育机构应加大投入，提升校园网络速度和质量，配备先进的数字化教学设备，为数字化教育提供坚实的物质基础。

2．提升师生的数字化素养

定期开展数字化技能培训，提高教师和学生对数字化工具和资源的应用能力。同时，鼓励师生积极探索数字化学习方式，培养自主学习和创新能力。

3．完善数字化教育资源库

建设丰富多样的数字化教育资源库，包括电子教材、在线课程、教学视频等，以满足不同学科和层次的教学需求。同时，加强知识产权保护，确保教育资源的合法使用。

4．推动数字化教育评价改革

建立科学的数字化教育评价体系，关注学生的全面发展，重视过程性评价和多元评价。利用大数据和人工智能技术，为每个学生提供个性化的学习反馈和发展建议。

5．加强数字化教育安全管理

建立健全的数字化教育安全管理制度，保护学生和教师的个人信息安全。加强对数字化教育平台的监管，防止不良信息的传播和滥用。

第六章

高职院校教师数字化职业素养提升的基本方向

在职业教育领域，随着信息技术的迅猛发展，数字化教学已经成为推动教育创新和提高教育质量的重要力量。特别是在职业院校中，数字化"双师型"师资队伍的建设更是特色发展、高质量发展的核心要素，是实现职业教育现代化发展的关键所在。这一教师团队不仅具备深厚的数字化专业理论知识，更能在实践中指导学生运用数字化技术，培养出适应时代需求的高素质技能人才。本章将从教师教育思维能力的现代化、提升教师的数字化能力，以及教师社会关系的现代化适应这三个方面进行深入探讨，以期为我国职业院校打造数字化"双师型"师资队伍提供有益的启示和借鉴。

第一节　教育思维能力现代化

在职业教育的新时代浪潮中，数字化"双师型"师资队伍的构建显得尤为重要。而要实现这一目标，关键在于教师教育思维能力的现代化。只有当教师自身在思维方式上实现了从传统到现代的跨越，他们才能成为真正意义上的"双师型"教师，既能传授理论知识，又能指导学生进行数字化实践。

现代教育思维能力的现代化，其核心在于思维方式的更新与转变。这种转变不仅仅是知识层面的更新，更是对客观世界认知方式和教学方法的根本性变革。教师的思维方式是他们在长期教学实践中形成的独特风格和方法，它决定了教师如何理解世界、如何处理教学问题，以及他们所能达到的教学高度。

对于职业院校的教师而言，现代信息新技术无疑对他们的教育思维能力产生了深远的影响。这些新技术不仅为教学带来了更多的可能性，也要求教师在教学过程中不断创新，以适应数字化时代的教育需求。因此，教师教育思维能力现代化的一个重要标志就是他们能否积极拥抱新技术，将其融入教学之中，从而推动教育教学的创新与发展。

为了更好地应用现代新技术改革教学方式，职业院校的教师需要引入并发展设计思维。教育既是一门系统科学，也是一门设计科学。设计思维以其独特的创新性和实践性，为教师教育思维能力的发展提供了新的生长点。通过培养设计思维，教师可以更加关注学生的学习需求，从问题的根源出发，寻找创新性的解决方案，从而设计出更加符合学生实际、更具吸引力的教学活动。

因此，本节将深入探讨如何发展职业院校教师的设计思维，旨在从设计思维这个独特的视角出发，为教师教育思维能力的现代化提供有益的借鉴和启示。通过引入设计思维的理念和方法，我们可以帮助教师打破传统的教学框架，激发他们的创新精神和实践能力，为构建数字化"双师型"师资队伍奠定坚实的基础。

一、培养与运用设计思维，引领教学创新

在讨论设计思维在教师教育中的价值之前，我们首先需要明确设计思维的核心内涵和它在教育领域的应用。设计思维，对于教师而言，不仅仅是一种思维工具或方法，更是一种全新的教学理念和教学策略。

首先，设计思维是一种以人为本的思维方式。它强调从学生的实际需求出发，关注学生的体验和学习过程。在这种思维模式下，教师不再仅仅是知识的传递者，而是成为一个引导者、合作者和共创者。他们利用设计思维的全脑思考特性，将理性分析与感性洞察相结合，通过不断的迭代和试错，来优化自己的教学设计和教学方法。

其次，设计思维是一种创新性的教学设计工具。它鼓励教师跳出传统的教学框架，运用多元化的视角和思维方式来重新审视教学问题。在设计思维的指导下，教师可以运用各种创新的教学方法和手段，如项目式学习、协作学习、情境学习等，来激发学生的学习兴趣和积极性，提升他们的学习体验和学习效果。

再者，设计思维还是一种知识创造的能力。它引导教师去发现和解决现实教学中的问题，通过构建、生成和创造新的知识来解决这些复杂的教学难题。在这个过程中，教师不仅是一个知识的消费者，更是一个知识的生产者和创新

者。他们通过不断的学习和实践，不断提升自己的专业素养和教学能力。

教师教育思维能力的现代化，就体现在对设计思维的培养和运用上。教师需要不断学习和掌握设计思维的理念和方法，将其融入自己的教学实践中去。在设计思维的指导下，教师可以更加系统、全面地思考教学问题，制定出更加科学、合理的教学方案。同时，设计思维还可以帮助教师打破传统的教学框架，激发他们的创新精神并提高他们的实践能力，推动职业教育的特色发展和高质量发展。

以斯坦福大学的设计思维模式为例，它包括了移情、定义、设想、模型和测试五个环节。这个模式为教师提供了一个清晰的设计流程和方法论，使他们能够更加系统地思考和解决教学问题。教师可以通过观察、访谈、问卷调查等方式来深入了解学生的需求和问题；然后明确问题的核心和关键点；接着通过头脑风暴、创意激发等方式来形成初步的解决方案；再通过快速模型制作和测试来验证和完善这些解决方案；最后将这些解决方案应用到实际的教学中去，并在教学过程中不断进行反思和改进。

总之，设计思维是教师教育思维能力现代化的重要标志之一。通过培养和运用设计思维，教师可以更加系统、全面地思考教学问题，制定出更加科学、合理的教学方案；同时激发他们的创新精神和实践能力，推动职业教育的特色发展和高质量发展。

二、深化设计思维，引领专业学习与自我提升

在数字化时代的浪潮中，教师教育思维能力的现代化显得尤为关键。设计思维作为一种前沿的思维方式，不仅为教师的教学创新提供了强有力的支持，更在推动教师专业知识学习与提升方面发挥了核心作用。设计思维强调的不仅是教学方式的变革，更是对专业知识本身的深度挖掘与创造性应用。

具体而言，设计思维鼓励教师将教学设计与专业知识的学习和提升紧密结合。它要求教师在设计教学任务时，不仅要考虑如何有效地传授知识，更要思考如何通过设计来使这些知识更具创造性、流动性和适应性。这意味着教师不仅要拥有扎实的专业知识基础，还需要具备将这些知识灵活应用于各种教学环境中的能力。

在"基于设计的学习"和"基于设计的研究"的框架下，教师被鼓励以设

计为基础，展开自我反思与持续学习。这种学习过程强调在具体的教学实践情境中，教师通过设计学习任务、分析课堂数据，自主地提升各项专业能力。这种反思性学习不仅要求教师对教学内容进行深入分析，还需要对课堂教学过程中的各种数据进行细致解读，以便更好地了解学生的学习需求和教学效果。

在此过程中，教师的设计能力得到了实质性的提升。这种提升不仅来源于教师自身的反思，还受益于教育专家的指导和同事之间的交流。教育专家的指导能够为教师提供专业的理论支持和实践建议，而同事之间的交流则能够提升教师的创新和反思能力，使教师在教学设计时保持开放的心态和灵活的思维。

在教学方案的设计阶段，教师需要结合具体的教学环境来调整自己的设计思路，确保教学方案既符合教育教学的普遍规律，又能够满足特定环境下的特殊需求。在方案的实施过程中，教师需要密切关注学生的学习反馈和课堂实践情况，以便及时发现问题并进行调整。

在最终的评价和反思阶段，教师需要以旁观者的视角来审视整个教学过程和课堂实践情况。这种视角能够帮助教师更客观地评估自己的教学效果，发现教学中存在的问题和不足，并为下一阶段的教学改进提供数据和理论支持。通过不断地评估、反思和改进，教师能够不断优化自己的教学设计，提升教学效果，从而实现教学能力的持续提升。

设计思维为教师的专业学习与自我提升提供了新的视角和方法。通过深化设计思维，教师能够更好地发掘专业知识的潜力，提高教学设计的创新性和实效性，为培养高素质的技能人才做出更大的贡献。

第二节　教师数字化能力

构建一支数字化"双师型"师资队伍，对于现代职业教育而言，是一项至关重要的任务。在这个过程中，提升教师的数字化能力成为不可或缺的一环，这也是成为"双师型"教师的关键素质之一。

在职业教育领域，教师和学生都应当具备或掌握先进的科学技术和职业技能，这是推动职业教育持续发展的基石。随着信息技术的迅猛发展，数字化能力已经成为衡量职业教育教师综合素质的重要标准。因此，对于职业院校的教师而言，不断提升和优化自身的专业技能，特别是数字化技能，显得尤为迫切。

　　数字化在职业教育教师的专业发展中扮演着举足轻重的角色。通过运用数字技术，教师可以更加高效地进行教学资源的获取、整合和利用，为学生提供更加丰富、多元的学习体验。同时，数字化还能够促进教师之间的交流与协作，推动教育教学方法的创新与改革。这些都有助于提升职业院校教师的专业素养和教育教学水平。

　　具体来说，数字化对于职业院校教师专业技能的完善提供了多重便利。首先，数字技术为教师提供了海量的教学资源和学习平台，使教师能够随时随地进行自我学习和知识更新。其次，数字化工具如在线教学平台、虚拟实验室等，为教师提供了更多元化的教学手段和方法，有助于激发学生的学习兴趣和积极性。最后，数字化还能够为教师提供及时、准确的教学反馈和数据分析，帮助教师更好地了解学生的学习情况和需求，从而进行有针对性的教学改进。

　　因此，打造数字化"双师型"师资队伍，需要职业院校和教师共同努力，不断提升教师的数字化能力。只有这样，才能培养出更多具备数字化素养和职业技能的高素质人才，为职业教育的发展注入新的活力。

　　本节在阐述数字化"双师型"教师及其培养特点的同时，建议从多个维度推进"双师型"教师的数字化建设。

一、深入解析数字化"双师型"教师及其核心培养特征

　　在职业教育的现代化进程中，一个关键的角色是"双师型"教师。这类教师不仅承载着传授专业知识的使命，还肩负着引导学生将所学应用于实践、服务社会的重任。他们是一类独特且重要的复合型人才，其独特之处体现在以下几个核心特征上。

（一）教师拥有"双证"的资质

　　这里的"双证"指的是"教师资格证"和对应专业的学历证书。这种双重认证不仅彰显了他们在教育教学理论上的扎实功底，也体现了他们在特定专业领域内的深厚学术背景和专业技能。拥有"双证"的教师，能够在课堂上自信地传授专业知识，同时确保教学内容的前沿性和实用性。

（二）教师具备"双历"的背景

这里的"双历"是指教师既拥有在校园内从教的经历，也具备在相关行业企业中从事实际工作的经验。这种跨界经历使得他们能够深刻理解理论与实践之间的联系，将行业中的最新技术和实践经验引入课堂，为学生提供更加真实、生动的学习体验。

（三）教师展现出"双能"的素质

一方面，他们具备扎实的专业理论知识，能够清晰、准确地讲解专业概念、原理和方法。

另一方面，他们还拥有将专业知识应用于实际的能力，能够指导学生进行实践操作，帮助他们掌握专业技能。这种"双能"的素质使得"双师型"教师能够为学生提供更加全面、深入的教学服务。

（四）教师还拥有"双联"的能力

这里的"双联"指的是他们既能够与学生建立紧密的联系，又能够与相关行业企业保持密切的交流。他们善于与学生沟通、交往，能够深入了解学生的需求和困惑，为他们提供个性化的指导和帮助；同时，他们也善于与所教专业对口的行业企业沟通、协调，了解行业发展的最新动态和趋势，为学生提供更加贴近实际的职业规划和建议。

（五）教师秉持"双观"的理念

这里的"双观"指的是他们既具有先进的教育教学理念，又具备前瞻性的行业发展观念。他们坚信"以学生的发展为中心"，致力于培养学生的终身发展能力；同时，他们也密切关注行业发展的动态和趋势，为学生提供符合市场需求的专业知识和技能培训。这种"双观"的理念使得"双师型"教师能够在职业教育中发挥更大的作用和价值。

"双师型"教师是职业教育中不可或缺的重要力量。他们通过自身的努力和实践，不断提升自己的专业素养和综合能力，为职业教育的发展贡献着自己的智慧和力量。

二、塑造数字化"超能力"教师，铸就职业院校发展基石

职业院校要想在竞争激烈的教育市场中脱颖而出，打造一支稳定的数字化"双师型"教师队伍至关重要。这样的教师队伍将成为职业院校的品牌教师、品牌专业的有力支撑，推动学校实现高质量发展。为此，培养数字化教师成为关键步骤。

数字化教师，即那些能够熟练运用数字化办公软件平台，实现行政办公协同、教学教研成果分享、班级架构管理、学生及家长事务处理、学生大数据分析以及家校在线沟通等全面数字化、在线化操作的教师。通过科技手段和数字化赋能，每一位教师都将拥有紧跟时代潮流的"超能力"，助力他们在教育教学中取得卓越成就。

要实现数字化"双师型"师资队伍的建设，数字化赋能是不可或缺的手段。那么，如何培养具备数字化特征的"双师型"教师呢？首先，我们需要充分利用职业院校现有的资源，搭建教师实践平台，鼓励普通教师通过参加技能培训和企业实践，逐步转型为"双师型"教师。同时，我们要加强与企业的联系，建立长期合作关系，邀请企业高层管理人员和一线工作人员担任校外导师，为数字化师资队伍注入新鲜血液。

在这个过程中，我们要注重数字化赋能的实效，推动新技术与教师在学科建设、环境设计、资源建设、教学方法和育人模式等方面的深度融合。具体而言，我们可以从以下四个维度推进"双师型"教师的数字化建设：

（一）构建学科数字化平台，赋能"双师型"教师队伍建设

在推进数字化"双师型"教师队伍建设的过程中，从学科维度出发，积极构建学科平台是关键一步。通过打造教育改革实验区、智能教育创新平台、教育智库平台及教师发展协同创新平台等，我们旨在围绕教育理论创新、信息化教学变革与应用、教育信息技术创新及教师教育创新等领域，展开深入的理论研究与实践探索。这些平台的建设不仅为数字化时代的教师教育改革提供了坚实的学科支撑，也为数字化时代教师队伍的整体提升和发展贡献了重要力量。

（二）构建智能化、沉浸式数字化校园环境，赋能全方位教育创新

为了打造一个全新的数字化教育环境，我们需要从环境维度出发，全面优

化校园网络，确保有线网、无线网和 5G 网络的无缝覆盖，进而显著提升教育网络的质量和稳定性。同时，我们将着力建设线上线下一体化、现实与虚拟相融合的智慧教室，以及"云端一体化"的数字化学习平台。这些平台将物理空间、资源空间和社交空间有机结合，为学生和教师创造一个高效、便捷的学习空间。

此外，我们还将构建课堂与课外相融合的泛在学习环境，让学习资源、学习活动、学习过程和学习数据等实现有机融合，为学生提供个性化的学习路径和体验。为了支持这一目标的实现，我们将加强数据中心的能力建设，开发智能、快速、全面的学习分析系统，以实时追踪学生的学习进展和效果。同时，我们将建立高效、安全、灵活、敏捷的智能化运维保障体系，确保数字化校园环境的稳定运行和持续优化。

（三）资源维度构建：一流教师教育数字资源体系的创新建构

在构建一流教师教育的数字化资源体系时，我们将采取自主开发与引进共享并重的策略。首先，我们将制定一套科学、系统的数字课程资源规范，确保资源建设的标准化和规范化。通过建立课程准入机制，我们将确保学习资源的质量与适用性。

在资源内容上，我们将设计开发三种类型的学习资源：课程资源、专项资源和拓展资源，以满足师范生多样化的学习需求。课程资源将涵盖基础知识和专业技能，专项资源将针对特定领域进行深入探讨，而拓展资源则提供丰富的课外学习材料，助力师范生拓宽视野。

为了统筹各类教育资源，我们将建立以学分为基础的学习成果积累机制，并探索实行认证、积累与转换制度。这一制度将激励学生积极参与各类学习活动，积累学习成果，并将其转化为相应的学分。

在资源服务机制上，我们将创新服务方式，通过完善数字资源建设标准和认证指标，引入第三方优质力量参与数字化资源开发，以激活内部资源，充实资源建设专业团队。我们将探索出适合学校特点的数字资源供给模式和服务机制，确保资源的高效利用和持续优化。

（四）育人维度创新：构建数字化卓越教师培养新体系

为了培养具备高度专业素养和时代适应能力的卓越教师，我们需要在育人维度上进行创新，构建数字化的卓越教师培养体系。这一体系将充分利用信息技术的力量，彻底变革传统的教师教育教学培养模式。

首先，我们将积极创建数字环境，利用大数据平台实时、全面地采集课堂教学双方的行为数据。这些数据将成为我们分析教学现状、优化教学方法的宝贵资源。通过深入的数据分析，我们能够更准确地把握学生的学习需求和教师的教学问题，从而支持教育教学方式的变革。

同时，我们还将注重推进学科交叉融合，鼓励教师打破学科壁垒，开展跨学科的教学和研究。这种融合不仅有助于丰富教学内容，提升教学质量，还能培养学生的综合素养和创新能力。

在数字化卓越教师培养过程中，我们将注重实践性和创新性。通过组织教师参与各类数字化教学实践活动、开展创新性的教学研究和项目，激发教师的创造力和教学热情。同时，我们还将建立完善的评价体系和激励机制，确保数字化卓越教师培养工作的持续、高效推进。

第三节　教师社会关系的现代化适应

在数字化时代背景下，构建一支具备"双师型"特征的师资队伍，不仅要求教师在专业知识和技能上达到双重要求，还需要其社会关系与现代化进程相适应。这意味着将我国社会主义现代化建设的总体目标、经济社会发展的主流趋势与职业教育教师的培训工作相结合，同时激发教师个人发展的内在动力，共同推动职业教育教师的现代化进程。

一、移动互联网时代职业教育教师社会关系的新面貌

随着移动互联网技术的迅猛发展和各式应用型社交平台的不断涌现，职业教育教师的沟通方式和社会关系正在经历一场深刻的变革。清华大学社会学系教授罗家德曾指出，人的社会关系网是一个多维度的复杂网络，包括社会关系、社会网、关系强度、关系内涵、网络结构、信任、社会资本、情感支持、人际影响等多个要素。在移动互联网的浪潮下，这些要素正在被重新塑造和强化，使得职业教育教师的社会关系展现出前所未有的新特征。

大数据和云平台技术的飞速发展为现代信息网络学习平台注入了强大的活

力。这些平台不仅拥有超强的记忆功能，能够记录所有通过平台进行互动交流的信息，还为职业教育教师提供了丰富的资源获取途径。教师可以通过查阅这些交流信息，了解不同领域、不同地区的职业教育动态，进而找到通向所需资源的有效路径。

更为重要的是，通过网络学习平台进行沟通交流，可以极大地消除地域、种族、身份、年龄、专业等差异带来的"代沟"现象。在这个平台上，每位职业教育教师都拥有平等的话语权，可以自由地表达观点、分享经验、寻求帮助。这种开放、平等的交流环境，不仅促进了教师之间的深入交流与合作，也为职业教育领域带来了更多创新和发展的可能。

因此，可以说移动互联网时代为职业教育教师的社会关系带来了全新的面貌。在这个时代，职业教育教师需要更加积极地拥抱新技术、新平台，不断拓展自己的社会关系网络，为个人的成长和职业教育事业的发展注入更多活力和动力。

二、信息化教学：职业教育教师社会关系现代化的关键驱动力

在推动职业教育教师社会关系现代化的进程中，信息化教学扮演着至关重要的角色。信息化教学不仅是技术层面的革新，更是教学理念、教学内容和教学方式的全面升级。它要求职业教育教师从战略高度明确信息化的重要性，将其视为职业教育改革和发展的核心动力。

通过信息化教学，职业教育教师能够突破传统教学的束缚，实现教学目标、教学内容和教学方式的根本变革。在信息化教学的推动下，教师需要以学生为中心，将学生的需求和发展作为教学的出发点和落脚点。通过运用先进的信息化教学技术，教师可以更加有效地培养学生的创新意识和能力，为学生未来的职业发展打下坚实的基础。

信息化教学不仅仅是一种教学形态，更是一种现代教学理念和方法的应用。在信息化教学中，教师需要关注两个核心要点：一是以学生为中心，关注学生的个性化需求和兴趣点，设计符合学生特点的教学方案；二是强调对教学方案和教学实施的设计，从教学任务、学科知识和现实需求等方面出发，设计具有挑战性和启发性的问题或教学单元。在教学过程中，教师需要采用讲授、

探索、探讨、合作与反思等多种方法，激发学生的学习兴趣和积极性，促进学生的思维发展和能力提升。

同时，职业教育现代化建设需要政府部门的宏观调控和政策支持。政府部门需要科学制订教育事业发展计划，合理开设专业，调整课程结构，运用各职能部门的调控功能，强化职业技能训练，建立职教集团和实习学校等。这些工作将为职业教育教师提供更加广阔的教学平台和资源支持，促进职业教育事业的快速发展。

因此，信息化教学是职业教育教师社会关系现代化的关键驱动力。职业教育教师需要积极拥抱信息化教学，不断更新教学理念和方法，提升教学能力和水平，为培养更多优秀的职业人才做出贡献。同时，政府部门也需要加强宏观调控和政策支持，为职业教育现代化建设提供有力的保障和支持。

第七章

高职院校教师数字化教学能力发展路径

在数字化时代背景下，高职院校教师在步入教职之前，往往已经积累了一定的信息技术知识和应用能力。然而，"高职院校教师数字化教学能力"特指他们在入职后，为了将数字化工具和手段与教育教学深度融合，旨在利用信息技术推动学生进步及自身专业发展，而在原有信息化素养的基础上，进一步构建和提升的高级教学能力。对于在职的高职院校教师而言，数字化教学能力的提升主要有三条路径：一是参与数字化教学能力培训，通过系统学习掌握最新的数字化教育理念和技能；二是在实际教学中开展数字化课程教学实践，将所学应用于课堂，不断优化教学方法；三是参加数字化教学能力竞赛，以赛促学，通过竞技交流提升自我。本章将深入探讨这三种路径，以期为高职院校教师在数字化时代的教学能力提升提供明确指导。

第一节　数字化教学能力培训

一、高职院校教师数字化教学能力培训的重要性

（一）数字化教学能力的核心意义

在信息时代，数字化技术已渗透到社会生活的各个领域，高等教育领域亦不例外。数字化教学能力成为高职院校教师不可或缺的一项技能。这种能力是指教师能够灵活运用现代信息技术，进行教学设计、实施及评价的综合能力。它关系到教学质量、学生学习效果，甚至影响到高校的整体教育水平。

数字化教学能力的核心在于，教师需掌握并熟练运用各种教学软件、在线

教育平台、多媒体教学工具等，为学生创造出生动、互动的学习环境。通过数字化的教学手段，教师可以更直观地展示复杂的概念，提供丰富的学习资源，激发学生的学习兴趣，并实时监控学生的学习进度，从而进行个性化教学。

（二）高职院校教师数字化教学能力的现状与挑战

随着科技的快速发展，数字化教学已成为高等教育不可或缺的一部分。然而，尽管数字化教学的重要性日益凸显，但在实际操作中，许多高职院校教师在数字化教学能力方面仍面临不小的挑战。

现状方面，部分高职院校教师在数字化技术的掌握和应用上存在明显短板。一些教师对新兴技术的接受速度较慢，应用能力有限。他们可能在日常教学中仍主要依赖传统的板书和讲授方式，对数字化教学工具和平台的使用不够熟练，甚至存在抵触心理。此外，如何将数字化技术与课程内容有效结合，也是许多教师感到困惑的问题。他们可能不确定如何选择合适的数字化教学资源，或者不知道如何将这些资源融入课堂教学，以提高教学效果。

部分高职院校教师由于长期习惯于传统的教学方式，对数字化教学持保守态度。他们可能认为数字化教学过于花哨，不如传统教学来得实在。这种观念上的障碍导致他们缺乏探索和创新的动力，不愿意尝试新的教学方法和手段。

这些挑战对高校教育的影响不容忽视。首先，教师的数字化教学能力直接关系到教学效果。如果教师不能熟练掌握和运用数字化教学工具，那么学生可能无法充分享受到数字化教学带来的便利和优势。其次，教师的保守态度会阻碍高校教育的创新和发展。在数字化时代，教育需要与时俱进，不断探索新的教学模式和方法。如果教师缺乏创新精神，那么高校教育就可能陷入僵化，无法满足社会的需求。

（三）加强数字化教学能力培训的必要性

面对上述挑战，加强高职院校教师的数字化教学能力培训显得尤为重要。通过系统的培训，教师可以更快地掌握新的教学技术和工具，了解如何将技术与教学内容相结合，从而提升教学效果。

首先，技术培训是基础。定期组织教师进行技术学习，让他们熟悉并掌握最新的数字化教学工具和平台。这包括但不限于多媒体教学软件、在线协作工具、虚拟实验室等。通过技术培训，教师可以更加自信地运用这些工具进行教学设计，丰富教学手段。

其次，实践应用是关键。单纯的技术培训远远不够，教师还需要在实际教学中应用所学技术。因此，培训中应包含大量的实践环节，如模拟教学、案例分析等，帮助教师将理论知识转化为实际操作能力。

最后，交流分享也很重要。培训过程中，应鼓励教师之间进行交流与分享，让他们从彼此的经验中学习。通过案例分享、经验交流等活动，教师可以了解到不同学科、不同教学场景下数字化教学的最佳实践，从而拓宽教学思路。

（四）数字化教学与教学理念的转变

值得一提的是，提升数字化教学能力并不仅仅是学习新技术和应用新工具那么简单，更重要的是，教师需要在教学理念上进行转变。传统的以教师为中心的教学模式已逐渐让位于以学生为中心的教学模式。在数字化教学的背景下，这一转变显得尤为迫切。

教师需要更加注重学生的主动性、参与性和创造性，利用数字技术创造出一个开放、互动的学习环境，让学生在其中自由探索、合作学习。这不仅需要教师具备高超的数字化教学能力，还需要他们拥有先进的教学理念，能够灵活地运用各种教学方法和手段来满足学生的学习需求。

二、当前高职院校教师数字化教学能力培训的现状

随着信息技术的快速发展和教育信息化的深入推进，高职院校教师数字化教学能力培训日益受到重视。然而，在实际操作过程中，仍存在一些问题和挑战。以下是对当前高职院校教师数字化教学能力培训现状的详细分析：

（一）培训内容和方式

目前，高职院校教师数字化教学能力培训的内容主要集中在信息技术的基本操作、数字化教学资源的开发和利用，以及在线教学平台的使用等方面。这些培训内容虽然涵盖了数字化教学的基本技能，但在深度和广度上还有待加强。特别是针对不同学科的数字化教学需求和特点，培训内容应更具针对性和实用性。

在培训方式上,虽然大多数高校都采用了线上线下相结合的方式,但线上培训资源和平台的建设仍显不足。部分线上课程存在内容陈旧、更新缓慢等问题,无法满足教师日益增长的数字化教学需求。

(二)教师参与度和培训效果

从教师参与度来看,虽然高校普遍重视数字化教学能力培训,但教师的实际参与度却不尽如人意。一方面,由于教学任务繁重、科研压力大等原因,部分教师缺乏参与培训的积极性和时间;另一方面,一些教师对数字化教学的认识和重视程度不够,导致培训效果不佳。

此外,培训效果的评估机制也有待完善。目前,很多高校缺乏科学有效的培训效果评估体系,无法准确衡量教师的数字化教学能力是否得到提升。这也在一定程度上影响了教师参与培训的积极性和培训效果。

(三)资源和环境支持

在资源和环境支持方面,虽然高校普遍加大了对数字化教学设备和资源的投入,但仍存在一些问题。一方面,部分高校的数字化教学资源库建设滞后,缺乏优质的教学资源和案例;另一方面,一些高校的数字化教学环境建设不完善,如网络速度慢、教学平台功能不完善等,影响了数字化教学的顺利开展。

(四)政策与制度保障

从政策和制度层面来看,虽然国家和地方教育部门出台了一系列关于教育信息化和教师培训的政策文件,但在政策落实和执行过程中仍存在一些问题和挑战。例如,部分高校在执行相关政策时缺乏具体可行的实施方案和措施;同时,一些政策文件对于数字化教学能力培训的要求和标准不够明确和具体,导致培训工作的针对性和实效性不强。

三、改进高职院校教师数字化教学能力培训的策略

随着信息技术的迅猛发展,数字化教学在高校教育中的应用越来越广泛。为了适应这一趋势,提升高职院校教师的数字化教学能力显得尤为重要。然而,当前的数字化教学能力培训存在一些问题,如培训内容与实际教学需求脱

节、培训方式单一、缺乏有效的评估机制等。为了有效解决这些问题，以下提出了一系列具体的改进策略。

（一）优化培训内容，贴近教学实际

1. 根据学科特点定制培训内容

考虑到不同学科的教学特点和需求，培训内容应更具针对性。例如，对于理工科教师，可以加强虚拟仿真实验、数据分析等技能培训；对于文科教师，则可以注重多媒体教学、网络资源整合等能力的提升。

2. 实践操作课程的强化

"纸上得来终觉浅"，理论培训应结合实践操作。可以组织教师进行数字化教学设计和实施的实际操作，如制作微课、开展线上互动等，使教师在亲身体验中掌握数字化教学的精髓。

（二）创新培训方式，灵活多样

1. 线上线下融合培训

利用网络平台，教师可以随时随地学习数字化教学理论知识，同时结合线下的实践操作课程，形成线上线下相结合的培训模式，提高培训的灵活性和实效性。

2. 引入互动性强的培训形式

通过举办工作坊、研讨会等活动，鼓励教师之间分享经验、交流心得。这种互动式学习不仅可以激发教师的学习热情，还能促进教师之间的合作与共同进步。

（三）完善培训评估，确保培训效果

1. 建立全面的评估体系

除了传统的考核方式，还应引入教师自评、同行互评及学生评价等多元化评估手段，以更全面地反映教师的数字化教学能力水平。

2. 持续跟踪与及时反馈

培训结束后，定期对参训教师进行跟踪调查，了解他们的数字化教学应用情况，并针对存在的问题提供及时的反馈和指导。

（四）加强资源建设，提供有力支持

1. 丰富数字化教学资源

投入资金和技术力量，不断开发和更新数字化教学资源库，为教师提供丰富、优质的教学素材和案例。

2. 改善数字化教学环境

优化校园网络设施，提升教学平台的稳定性和易用性，为教师创造一个高效、便捷的数字化教学环境。

（五）激发教师热情，提高参与度

1. 设立奖励机制

对于在数字化教学中取得显著成果的教师给予表彰和奖励，以此激发他们持续学习和创新的动力。

2. 组织竞赛与展示

定期举办数字化教学竞赛和教学成果展示活动，为教师提供展示才华的舞台，同时促进相互学习和交流。

（六）政策引导与制度保障并重

1. 明确政策方向

教育部门和高校应制定明确的政策文件，阐述数字化教学能力培训的重要性和目标要求，为教师提供清晰的培训指南。

2. 规范培训制度

建立完善的数字化教学能力培训制度和管理体系，确保培训工作的有序开展和高效实施。

（七）构建学习共同体，促进共享交流

1. 建立教师学习社群

利用社交媒体或在线教育平台建立教师学习社群，鼓励教师在社群中分享经验、交流心得，形成共同学习的良好氛围。

2. 专家指导与引领

邀请数字化教学领域的专家为教师提供定期指导和培训，帮助教师解决在

实际教学中遇到的问题和困惑。

（八）关注个体差异，提供个性化培训

1．进行教师需求分析

在培训开始前对教师进行需求分析调查，了解他们的数字化教学水平、兴趣点和需求点，以便制订更符合他们实际需求的培训计划。

2．提供个性化辅导

针对部分在数字化教学中遇到困难的教师提供个性化的辅导和支持服务，帮助他们克服学习障碍并提升数字化教学能力。

第二节　数字化课程教学实践

将理论知识与实践活动相结合，不仅能够为实践提供有力的理论指导，促进理论价值的实现，同时实践也是验证、强化并提升理论的必经之路。因此，对于高职院校教师而言，持续提升其信息化教学能力的核心策略，在于将信息技术与日常教学活动深度融合。这具体涉及在学科课程中深度嵌入信息技术，利用信息化技术来革新传统教学模式，构建信息化教学场景，为学生打造出丰富多样的数字化学习资源库。

在当前的教育实践中，融合数字化课程教学的主流模式体现为基于混合式学习理念的翻转课堂，其中，学生在课外通过数字化资源自主学习，课堂时间则主要用于深入讨论和问题解决，这样的模式颠覆了传统教学流程。与此同时，数字化教学环境的搭建和教学资源的丰富，很大程度上依赖于大规模开放慕课（MOOC）的开发及微课程资源的创作。这两大板块不仅丰富了教育资源的供给，也为学生提供了灵活多变的学习途径。

因此，高职院校教师在进行数字化课程教学实践时，不仅需要积极探索翻转课堂这一新兴教学模式，以期通过课前视频学习与课上互动讨论相结合的方式，激发学生的主动学习动力；还需投身于慕课和微课的建设，这两者作为数字化教学资源的重要组成部分，能够突破时空限制，为学生提供个性化、高质量的学习体验。通过这些实践，不仅教师的信息化教学能力得以提升，更能够有效促进教学质量和学生学习成效的双重进步。

一、数字化技术融合学科教学

随着信息技术的日新月异,数字化技术已经深深地渗透到我们生活的方方面面,其中,教育领域也迎来了前所未有的变革。数字化技术与学科教学的紧密结合,正逐步改变着传统的教学方式,为教育质量和效率的提升注入了新的活力。以下,我们将详细探讨"数字化技术融合学科教学"所带来的种种变革与可能性。

(一)数字化技术提供丰富的教学资源

在过去,教学资源相对匮乏,教材是主要的,甚至是唯一的教学资源。然而,数字化技术的引入彻底改变了这一状况。现在,教师可以通过互联网轻松获取到与学科内容紧密相关的图片、视频、音频等多媒体资料。这些教学资源不仅形式多样,而且内容丰富,能够极大地激发学生的学习兴趣。

例如,在地理课上,教师可以通过展示世界各地的风景图片或视频,让学生更加直观地了解不同地域的地貌和文化特色。在历史课上,通过播放历史事件的影像资料,可以让学生更加生动地感受历史的沧桑。这些直观、生动的教学资源不仅提高了学生的学习积极性,还使得抽象的知识变得更加具体和易于理解。

此外,数字化资源的更新速度非常快,教师可以随时获取到最新的教学资料,确保教学内容的时效性和前瞻性。同时,这些资源还易于共享和传播,有助于促进教师之间的交流和合作,共同提升教学质量。

(二)数字化技术构建互动式学习环境

数字化技术为师生互动提供了更加便捷和高效的平台。通过在线学习系统、社交媒体等工具,学生可以随时随地与教师进行交流和讨论。这种互动式学习环境不仅有助于激发学生的学习兴趣和主动性,还能培养他们的批判性思维和解决问题的能力。

在这种环境下,学生可以更加自由地表达自己的观点和想法,而教师也可以更加及时地了解学生的学习需求和困难。这种即时的反馈机制有助于教师调整教学策略和方法,以满足不同学生的学习需求。同时,通过在线讨论和协作,学生之间也可以相互学习和帮助,形成良好的学习氛围和团队精神。

（三）数字化技术实现个性化教学

每个学生都是独一无二的个体，他们有着不同的学习方式和节奏。数字化技术为教师提供了更加精准和个性化的教学工具。通过智能教学系统和大数据分析技术，教师可以根据学生的学习情况和进度制订个性化的学习计划。

例如，对于学习成绩较好的学生，教师可以为他们提供更具挑战性的学习内容和任务；而对于学习成绩较差的学生，教师则可以提供更加基础和详细的讲解和练习。这种个性化的教学方式有助于最大限度地发挥每个学生的潜力和优势，提高他们的学习效果和自信心。

同时，数字化技术还提供了丰富的在线测试和评估工具。通过这些工具，教师可以及时了解学生的学习效果和知识的掌握情况，以便进行有针对性的指导和帮助。这种即时的评估和反馈机制有助于教师更好地把握学生的学习动态和需求变化，从而不断优化和调整教学策略。

（四）数字化技术提升课堂教学效率

数字化技术的应用为课堂教学带来了革命性的变化。传统的板书和讲解方式已经逐渐被电子白板和多媒体教学课件所取代。这些数字化工具不仅使得教学内容更加清晰、直观地呈现在学生面前，还大大节省了教师板书和讲解的时间。

例如，在数学课上，教师可以通过电子白板直接展示复杂的数学公式和图形变换过程；在物理课上，教师可以通过多媒体教学课件模拟物理实验过程和结果。这些数字化教学方式不仅提高了教学效率和质量，还使得抽象的知识变得更加形象化和易于理解。

此外，数字化技术还支持远程教学和在线协作功能。这使得教学活动不再局限于传统的教室环境之中，学生可以在任何时间、任何地点进行学习和交流。这种灵活的学习方式为学生提供了更多的选择和便利条件，有助于满足不同学生的学习需求和兴趣爱好。

（五）数字化技术培养学生的自主学习能力

数字化技术为学生的自主学习提供了前所未有的便利条件和支持系统。学生可以利用在线课程、网络学习资源及学习管理系统进行自主学习和探究活动。这些数字化工具为学生提供了丰富的学习材料和资源链接功能；同时还能帮助他们制订合理的学习计划并监控学习进度；最后还能评估自己的学习效果并及时调整学习策略和方法。

通过自主学习和探究活动，学生可以培养自己的独立思考能力和解决问题的能力；同时也能更好地了解自己的学习兴趣和目标方向；为未来的终身学习和职业发展打下坚实的基础。此外，自主学习还有助于培养学生的自律性和责任感；让他们更加珍惜和把握自己的学习时间和机会；从而更好地实现自我价值和社会价值。

（六）数字化技术推动教育创新与实践

数字化技术的融合不仅改变了传统的教学方式和方法；还为教育创新与实践提供了广阔的空间和可能性。教师可以利用数字化技术进行课程设计和教学实验；探索新的教学模式和策略；以满足不同学生的学习需求和兴趣爱好。

例如，教师可以尝试利用虚拟现实技术进行模拟实验教学；让学生在虚拟环境中进行实践操作和科学探究活动。这种创新的教学方式不仅可以提高学生的学习兴趣和参与度；还能培养他们的实践能力和创新精神。同时，学生也可以利用数字化技术进行创作和实践活动；如制作多媒体作品、参与在线竞赛等；这些活动有助于培养学生的创新意识和团队协作能力；提升他们的综合素质和竞争力。

二、创建和应用慕课（MOOC）课程

慕课，这一由华南师范大学教育技术学院的焦建利教授首次提出的术语，如今已成为数字化时代教育领域的一大创新。MOOC，作为 Massive Open Online Course 的缩写，即"大规模在线开放课程"，正是数字化技术深入教育领域的典型应用。

（一）慕课的数字化缘起和发展

在数字化浪潮的推动下，慕课应运而生，并迅速发展壮大。慕课的起源可追溯至美国开放教育资源运动的兴起，这一运动以麻省理工学院（MIT）2001年启动的开放课件计划（MIT OCW）为起点。该计划旨在将该校数百门课程

免费公开于互联网，为全球学习者提供资源。随后，美国及其他国家的高等教育机构纷纷跟进，如约翰霍普金斯大学、卡耐基－梅隆大学、东京大学等，相继加入这场开放教育资源的共享浪潮。2002 年，联合国教科文组织在巴黎举办的论坛上首次提出了"开放教育资源"（Open Educational Resources，OER）的概念，强调了利用信息技术促进教育材料的自由访问、改编和应用，推动了全球教育资源的开放共享趋势。

随着信息技术的进步和普及，开放教育资源的概念逐渐深入人心，涵盖范围从开放课件扩展至教材、多媒体、教育软件及各类学习支持工具。联合国教科文组织将开放教育资源（Open Educational Resources，OER）细分为学习内容、工具和实施资源三类，包括课程内容、在线社区、教学工具、师资培训材料等，为教育实践质量保驾护航。这一运动彻底改变了教育面貌，推动知识共享，促使高等教育成为知识创新与传播的前沿阵地。

在此背景下，MOOC 作为开放教育资源理念的实践形式于 2008 年由加拿大的戴夫·科米尔（Dave Cormier）和布莱恩·亚历山大（Bryan Alexander）提出，受到"联通主义与关联知识"课程模式的启发。这一课程模式在阿萨巴斯卡大学的乔治·西门思（George Siemens）和斯蒂芬·道恩斯（Stephen Downes）的推动下，展示了大规模、开放和在线学习的可能性，吸引了超过 2000 多名全球学习者的参与。受此启发，MOOC 迅速发展，斯坦福大学的"人工智能导论"课程在 2011 年吸引了 16 万注册者，标志了 MOOC 大规模应用的里程碑。

随着 Coursera、edX、Udacity 等在线教育平台的建立，众多知名学府的 MOOC 课程上线，提供了高质量、系统化的微型化知识视频和丰富学习资源，实现了学习的灵活性和可及性。MOOC 的兴起，被誉为教育技术的革命，获得风险投资青睐，预示着教育领域的深刻变革，正以前所未有的规模和速度重构学习的边界。

（二）我国慕课的兴起、发展与应用

在经济全球化的浪潮下，高等教育也逐渐走向全球化。慕课，作为这一进程中的重要创新，首先在美国蓬勃发展，催生了 Udacity、Coursera 和 edX 等世界领先的在线教育平台。这些平台通过与全球顶尖大学合作，致力于将最高水平的教育资源传播到世界的每一个角落。随后，日本、英国、澳大利亚等国

家也积极响应，建设了各自的慕课平台，推动了全球教育资源的共享。

在这一全球教育变革的大背景下，中国的高等学府也不甘落后。2012年，被誉为中国慕课元年的这一年，国内一流高校如清华大学、上海交通大学等，纷纷与国际知名慕课平台携手合作，将本校的优质慕课课程推向全球。同时，这些高校也自主研发了慕课平台，如清华大学的"学堂在线"，不仅为国内高校提供了优质课程资源的共享平台，还促进了教育公平的实现。教育部的"爱课程"网站也紧跟时代步伐，推出了"中国大学MOOC"项目，进一步丰富了我国的慕课资源。

此外，国内一些企业也看到了慕课的发展潜力，以加盟或盈利的模式积极推广慕课。例如，优课（UOOC）在线教育有限公司运营的"优课联盟"，作为全国地方高校优质MOOC课程资源共享的先驱，不仅整合了全国地方高校的优质教学资源，还形成了优质的MOOC课程共建共享机制。这一平台为130多所成员高校的学生及社会学员提供了多样化的课程选择和服务，不仅促进了地方高校间优质MOOC课程资源的共享和学分互认，还开展了教师培训和在线教育理论研究活动，对提升地方高校人才培养水平和社会服务能力，以及促进我国高等教育的均衡发展做出了积极贡献。

随着MOOC平台的不断涌现和发展，政府、高校及各类机构对慕课课程的设计、开发和推广的热情持续高涨。大量资本的注入使得慕课课程在数量、形式、学科和专业覆盖等方面不断刷新纪录。截至2018年，美国的三大慕课平台以及英国的FutureLearn等平台都推出了丰富的慕课课程，我国的慕课平台也不甘示弱，上线了大量的优质课程。这些丰富的慕课资源为全球学习者提供了宝贵的学习机会和借鉴。

然而，资源的建设和供给只是第一步，如何有效地应用这些优质教育资源，特别是在高等学校的正规学习中如何应用，才是关键所在。慕课以其完整的课程呈现方式，与以往线上学习资源的"内容碎片化"特点形成了鲜明对比，为高校将慕课作为学习资源整合到传统教学实践中提供了良好的契机。

结合高校传统教学活动和慕课课程资源的特性，高校在课程教学中应用慕课的方式主要有四种：学分替代、媒体资源利用、混合教学及建设小规模限制性在线课程（SPOC，Small Private Online Course）。

学分替代是一种彻底的应用方式，它取消了高校本身的传统教学活动。学生只要在规定时间内完成慕课学习并通过考核，学校就会免除相应课程的学习并给予学分认定。这种方式完全遵照慕课的学习形式，学生自主安排学习活动，学校只负责评估和推荐适合的慕课课程，并验证学生的学习成绩和证书。

媒体资源利用方式则是指高职院校教师将慕课平台上的课程资源作为自身教学中的教学资源加以应用。教师根据自己的课堂教学需要，选取慕课中的教学视频、文档等应用于自己的课堂教学。这种方式的关键在于教师要科学评判所选资源与自身课程教学内容的适切性，并尊重所选资源的版权。

混合教学应用是目前高校教学中应用慕课最为普遍的一种方式。它结合了线上教学和线下教学的优势，实现了教学效果的优化。在混合教学模式中，学生可以在线上完成部分学习，而线下教学则主要集中在答疑、讨论等形式上，以实现学生高阶认知目标。

对于教学资源相对薄弱的高校来说，采取建设 SPOC 的方式来应用慕课资源是一种有效的策略。这些高校针对校内的特殊学习环境和学生认知水平，利用慕课的开放属性，与慕课开发者合作，将慕课课程改造成为更加符合自己学校课程教学要求的 SPOC。这种方式需要特别注意慕课的版权问题，并确保改造后的课程与原慕课课程在教学方法、知识内容、考核方式等方面保持兼容性和统一性。

（三）慕课的数字化特点

慕课作为数字化时代的教育产物，具有鲜明的特点：

1．大规模性

慕课的大规模性，首先体现在其能够容纳的学习者数量上。传统课堂由于受物理空间的限制，能容纳的学生数量有限。然而，慕课利用先进的数字化技术和云计算平台，能够轻松支持数万甚至数十万的学习者同时在线学习，这无疑是一个革命性的突破。想象一下，一个课程可以有如此庞大的学习群体，这对于知识的传播和普及具有极其重要的意义。

此外，慕课的大规模性还体现在其课程资源的丰富性上。慕课平台汇聚了众多知名大学和教育机构的优质课程，涵盖了从基础科学到人文艺术等多个领域。这种大规模的课程资源，为学习者提供了广泛的选择空间，满足了不同人群的学习需求和兴趣。

2．开放性

慕课的开放性是其最为引人注目的特点之一。这种开放性主要体现在两个方面：一是学习资源的全球开放，二是学习机会的均等化。

（1）慕课的学习资源对全球开放，这意味着任何人，只要拥有互联网连接，就可以轻松访问这些资源。这种无国界的学习模式，打破了地域限制，让知识得以在全球范围内自由流通。无论是身处偏远的乡村，还是繁华的都市，只要有网络，每个人都能接触到世界顶级大学的课程，享受到优质的教育资源。

（2）慕课的开放性还体现在学习机会的均等化上。传统教育往往受到经济条件、社会地位等多种因素的制约，导致许多人无法接受高质量的教育。而慕课以其低廉甚至免费的学习成本，降低了教育的门槛，让更多人有机会接受优质教育，实现了教育机会的均等化。

3. 在线性

慕课的在线性是其作为数字化教育产品的核心特点之一。在线性意味着学习者可以随时随地进行学习，不受时间和空间的限制。这种灵活性为学习者提供了极大的便利。

无论是在家中、在办公室还是在旅途中，只要有网络连接，学习者就可以随时打开慕课平台进行学习。这种学习方式不仅节省了学习者的时间和精力，还使得学习变得更加个性化和自主化。每个人都可以根据自己的时间安排和学习进度进行学习，实现了真正的自主学习。

同时，慕课的在线性还带来了教学方式的创新。通过在线视频、讨论区、在线测试等多种教学工具的结合使用，慕课为学习者创造了一个生动、互动的学习环境。学习者可以通过观看视频讲解、参与在线讨论、完成在线测试等方式来巩固和深化对知识的理解。这种多元化的教学方式不仅提高了学习者的学习兴趣和积极性，还有助于培养学习者的自主学习能力和批判性思维。

（四）慕课创建与高职院校教师信息化教学能力

在当今信息技术迅猛发展的背景下，教育领域正经历着一场深刻的变革。传统的教学模式正在被以技术为驱动的新型教育方式所取代，其中慕课的兴起便是这一趋势的典型代表。作为一种全新的在线教育形式，慕课允许学习者通过网络平台进行学习的全过程，这无疑对高职院校教师的教学能力提出了更高的要求。

慕课不仅仅是将传统课堂搬到了互联网上，它更是一种全新的教学理念和技术应用的结合。在创建一门慕课时，高职院校教师需要运用信息技术将课程的教学设计、教学内容、教学实施及教学评价等环节在网络化教学平台上完整呈现，并随着课程进展逐步落实。这不仅要求教师具备将教学内容和材料数字化的能力，还要求他们能够组织开展师生、生生间的在线互动，以及评价学生的在线学习成效并及时反馈。因此，慕课平台既是教师信息化教学能力的"试验场"，也是其教学水平的"展示舞台"。

通过对慕课建设过程和效果的记录、总结和反思，高职院校教师不仅能够培养和提高自身的信息化教学实践能力，还能够锻炼和提升自身的信息化教学研究能力。例如，美国在线教育平台 edX 不仅为全球学习者提供来自世界顶尖大学的课程，同时也鼓励和支持教师对慕课课程的运行进行实证的教学研究。教师研究团队可以利用由学习者在学习过程中产生的海量数据，深入研究学习者的学习行为，分析学习者如何学习、技术如何转变学习者的学习方式、教师在教学中应该采用何种教学法等重大问题，并将研究成果以研究报告或论文的形式公开发表。以 edX 在 2013 年 5 月发表的《探究全球性课堂中的学习：基于 edX 首门慕课的研究》为例，该报告便是基于对 edX 首门慕课"电路与电子器件"运行大数据的深度挖掘和分析而完成的。[①]

在我国，华南师范大学的焦建利教授团队在中国大学 MOOC 平台开设了教师教育类慕课课程"英语教学与互联网"。这是一门将信息技术与英语学科教学深度融合的在线课程。在建设这门慕课的过程中，教学团队提出了一种创新的 PTTCA 慕课课程设计模式，即以问题为导向的基于慕课教学法的"五步骤"在线课程设计模式。这一模式包括问题导入（Problem-Oriented）、理论支撑（Theory-Based）、技术驱动（Technology-Driven）、案例阐释（Case-Study）及拓展应用（Application-Developed）。[②]团队教师合作撰写了《PTTCA：一种问题导向的慕课课程设计模式》的研究论文，并在国内核心期刊上发表，推广 PTTCA 慕课课程设计与开发的理论模式，供其他高职院校教师在设计与开发相关慕课课程时借鉴。

三、微课资源建设

自 21 世纪初至 20 年代中后期，网络宽带、通信技术、无线网络及智能移

---

① 杨满福，焦建利. 大教学、大数据、大变革：edX 首门"慕课"研究报告的分析与启示 [J]. 电化教育研究，2014（6）：34-37+50.

② 焦建利，刘晓斌，陈泽漩，等. PTTCA：一种问题导向的慕课课程设计模式 [J]. 数学教育，2018，4（2）：1-8.

动终端等技术经历了前所未有的迅猛发展和广泛应用。这一时期,"微"行业如雨后春笋般在中华大地上崭露头角,从"微博""微信"到"微商""微视频""微电影""微小说"以及"微聊"等,这些以"微"为前缀的新鲜事物迅速渗透到人们的日常生活中,改变了我们的交流方式和生活习惯。同样,这股"微"风潮也吹进了教育领域,高职院校教师积极地将以微视频为核心的"微课"引入到教育教学的各个环节中。

在过去的十几年里,微课经历了从最初的概念形成,到在教学中的实际应用,再到如今的蓬勃发展阶段。与此同时,随着微课资源的不断建设和深化应用,高校教师在信息化教学方面的能力也得到了全面的检验和提升。

(一)微课概念的形成和内涵

随着无线网络、智能手机和平板电脑等移动终端设备的广泛普及,学习者的学习方式发生了翻天覆地的变化。移动化、泛在化、微型化及碎片化的信息时代学习新方式逐渐形成,这使得学习者能够随时随地,以更加多元化和非正式的方式进行学习。然而,这种新的学习方式对传统的、内容丰富的长时段数字化学习资源提出了巨大的挑战。即便是经过系统设计的单元内容,或是提供课堂教学实录视频的慕课课程资源,也已无法满足"微时代"学习者对信息载体微型化和移动化的新需求。在这种背景下,"微型"数字化学习资源的提供变得势在必行,而"微课"便是这一需求下的产物。

微课的起源可以追溯到 2006 年,当时美国的萨尔曼·可汗为了帮助他的表妹学习数学,录制了一系列讲解数学知识和解题过程的短视频。每个视频都专注于讲解一个知识点,以便他的表妹能够反复观看和学习。出乎意料的是,这种学习方式取得了非常好的效果。受到这一成功的启发,萨尔曼·可汗创立了可汗学院(Khan Academy),并将他录制的课程视频上传到学院网站上,供有学习需求的人们免费学习。很快,可汗学院的数学教学短视频在美国基础教育领域引起了轰动,这种以短视频形式讲解知识点的教学方法也迅速在全球范围内传播开来。

在国内,有学者指出,"微课"这一概念最早可能是由广东佛山教育局教育信息中心的胡铁生老师提出的。他长期从事基础教育资源的研究工作,一直致力于解决我国基础教育资源的建设以及微课的建设和应用等问题。在受到英国 Teachers TV 中那些短小精悍、形式新颖活泼的教育视频的启发后,他率先在佛山市的中小学校举办了国内的"微课"大赛，从而推动了微课在国内的发展和应用。

关于微课的内涵界定，国内学者众说纷纭。有些学者关注微课的资源载体——微视频，并强调视频的教学性和可用性。他们认为微课中的"微视频"应该是指那些富有教学意义、包含完整意义的知识模块或知识点的微视频资源。这些微视频所承载的课程学习，实际上是学习者在特定的学习情境中，根据自身的学习需求和目标，利用微视频进行的网络学习活动的总和。由于知识内容的不同属性和特点，视频的时长也会有所不同，通常介于2分钟至20分钟之间。

而张一春教授则持有不同的观点。他认为"微课"应该是教师经过精心设计的一种信息化教学方案，它以流媒体的形式展示，并围绕某个知识点或教学环节展开简短而完整的教学活动。其最终目的是帮助学习者获得最佳的自主学习效果。

从这些不同的定义中我们可以看出，理解问题的视角不同会导致对"微课"概念的不同界定。从字面上来看，这些定义大致可以分为三大类：第一类将微课视为一种短小的"教学活动"；第二类则将其视为一种包含课程计划（微教案）、课程目标、课程内容（学科知识点）及课程资源（如微教学视频、微练习、微课件等）在内的完整"课程"；而第三类则更倾向于将微课视为一种"教学资源"，如在线教学视频或数字化学习资源包等。

尽管各种定义在表述上存在差异，但它们在内涵上有着共同之处：即都强调微课应该具有明确的目标、短小的内容、简短的时间、良好的结构，以及以微视频作为主要载体等特点。基于以上分析，本书认为微课实质上是一种支持教师和学生开展多样化教学活动的微型数字化课程资源包。学生可以通过网络进行自主学习，并与教师和学习同伴进行在线讨论和间接互动；同时，在实体课堂上，师生也可以利用这些资源进行面对面的学习和交流，从而产生直接的互动，并开展有意义且高效的课堂教学活动。

（二）微课的设计开发和应用

1. 微课的设计开发

作微课，作为一种新型的数字化教育教学资源，其设计与开发是一个综合性的过程，需要全面考虑多个核心要素。这些要素包括教学目标、教学内容、教学活动以及教学环境，它们彼此之间存在着紧密的联系和互相影响。为了打造优质的数字化微课课程资源，开发者必须对这四个要素进行深入的研究和精细的规划。

首先，我们来探讨教学目标这一关键要素。教学目标不仅是教师期望通过微课达到的教学效果，更是整个微课设计的指导原则。它包含两个层面的内容：一是微课的实用目的，即为何需要设计这堂微课，以及在何时应用它。例如，教师可以设计一堂微课来指导学生预先自主学习某个新概念或重要知识点，也可以专门制作微课来帮助学生解决课后作业中的疑难问题。二是微课的应用效果，这是指教师在学生使用微课后，期望他们能解决哪些具体问题。比如，通过微课引发学生的探究性学习兴趣，或者帮助他们准确掌握某个问题的解决方法。微课的教学目标通常具有单一、明确的特点，而目标的设定将直接影响微课内容的选择和呈现形式。

其次是教学内容的选择。微课的教学内容是与特定学科紧密相关的素材和信息，它是教师实现微课预期目标的重要教学素材载体。在选择教学内容时，教师必须服务于教学目标的达成，依据微课的教学目标，深入分析学生的实际学习情况和微课应用的教学阶段（如课前、课中或课后）。在此基础上，教师需要对具体学科的教学内容进行有针对性的增加、删减或修改等综合性加工。值得注意的是，教学内容的选择会直接影响教师对教学活动的设计。考虑到微课"短小精悍"的特点，教师在选择教学内容时应突出主题明确、相对独立的"颗粒化"内容特征，确保学生在短时间内能够高效地吸收和掌握核心知识点。

再次，教学活动是微课设计中不可或缺的一环。它涉及师生之间在一定的教学环境中的相互作用过程，包括教师的"教"和学生的"学"两个方面。在教师"教"的活动中，教师作为活动的主体，与微课教学内容进行深入的互动，并有效地向学生传递教学信息。这一过程旨在帮助学生理解、思考并自我建构学习内容。教的活动是实现微课教学目标的重要手段之一，它可以包括讲授新知识、演示操作步骤、进行实际操作练习及与其他活动主体（如学生或同事）进行交流对话等多种形式。而学生"学"的活动则是指学生在与微课教学内容互动的过程中掌握教学信息的过程。这一过程的目的是帮助学生加强对学习内容的理解和内化。学的活动同样是实现微课教学目标的重要方面，它可以包括复述所学知识、进行实践操作练习或与其他学习者进行互动交流等类型。在设计微课时，教师需要特别注意"学的活动"的设计，因为无论"教"得多么精彩，如果学生没有自觉自愿地参与学习，那么教学效果也会大打折扣。

最后，我们来谈谈教学环境这一要素。教学环境也可以被称为教学条件，它是为了顺利实施微课教学活动而需要构建的工具条件。这主要包括信息呈现工具和交互工具两个方面。信息呈现工具包括微课视频中使用的多媒体课件、图形图像、动画及音视频等富媒体资源。这些工具能够帮助师生更加清晰、生动地表达或解释教学内容，从而提高学生在学习微课或展示学习效果时与信息资源之间交互的有效性。而交互工具则是指在开展微课教学时，能够促进师生与微课内容之间更有效地进行信息交互和操作交互的工具。这包括教学平台的选择、终端设备的配置以及网络环境的优化等方面。通过合理利用这些交互工具，教师可以更好地引导学生参与微课的学习活动，激发学生的学习兴趣和积极性，从而提高微课的教学效果和质量。

2．微课的应用

随着教育技术的不断进步，微课作为一种新兴的教学方式，正逐渐在全球范围内被广泛应用于各级各类教育活动中。微课的核心特点是"微"，即教学内容精简、时间短小，便于学生快速消化和理解。在教学实践中，微课的应用形式多样，能够很好地满足学生的个性化和差异化学习需求。

（1）国外微课应用概况。在国外，微课主要被应用于翻转课堂、电子书包、混合学习等教育教学改革项目中。通过微课，学生可以在课前自主观看教学视频，独立完成在线练习，提问或参与主题讨论，从而将传统课堂中的听讲环节转变为更加主动和互动的学习过程。可汗学院和 TEDed 提供的大量微课教学视频就是这种应用形式的代表，它们要求学生在课前观看视频和完成学习任务，使得学习者可以根据自己的实际情况决定观看的时间、次数和快慢等。在这种模式下，教师的角色转变为在线或课堂上回答学习者提问的答疑者、组织学习者开展主题讨论活动的引导者，以及评估学生学习成效的评价者。

（2）国内微课应用情况。在我国，得益于教育全球化的影响，微课教学模式也被引入并广泛应用于大中小学的各类教学实践之中。根据微课应用的教学组织形式划分，微课应用主要包括学生独立自主学习、小组协作学习和课堂集体学习三种形式。学生独立自主学习是指学生根据自己的学习基础和需求，自己设定学习的进度和速度，一次或分次独立学习微课内容，并按要求完成教师预设的学习任务、反馈学习情况。小组协作学习主要用于学生合作学习的过程，具体形式为小组讨论、探究创设问题情境、合作解决问题等。课堂集体学习则是指教师将课堂上需要重复操作、演示或讲解的内容制作成微课视频，供学生在课堂上同步观看和学习，以替代教师的现场授课或操作。

根据应用目标划分，微课主要应用于学习新内容、处理重难点和巩固拓展三个方面。应用于学习新内容的微课，就是教师针对某个要学习的新的概念或知识点进行有针对性的视频讲解；处理重难点的微课应用，是指教师根据以往的教学经验，预测学生在理解和应用新知识方面可能出现的错误或问题，就某些有一定难度的概念或知识点或者需要教师反复讲解、示范或演示的知识点或技能点，以及就某些学生难以理解的创新性内容或问题情境而录制的微课视频；巩固拓展所学内容的微课应用，是指教师根据学生学习的个体差异，制作以巩固所学知识为目的的微课或者以拓展知识范围为目的的微课，或者针对学习要达到的效果设计难度不同的活动，供学生根据自己的实际情况自主选择。

（3）高校微课应用实践。就目前高校教学实践来看，微课的应用方式主要是支持翻转课堂教学、课内外差异化教学和课外拓展训练等。翻转课堂教学应用微课资源，主要是指教师根据教学目标和教学内容的需要将微课资源在课前提供给学生供学生自主学习。当然也可以在课内要求学生学习微课，只要学生学习微课的活动发生在教师讲授或讨论问题之前，即实质上达到"学生先学，课堂后练"的效果，即属于翻转课堂的教学模式范畴。要注意的是，任务安排一定要适当，难易程度和题量要符合学生整体水平，并要求学生自主学习微课后完成任务并及时反馈，以帮助教师了解学生对微课内容的掌握程度，为制定后续教学策略提供依据。课内外差异化教学是指在课前预习和课堂学习过程中，教师提供某些模块或知识点的讲解微视频，学生根据自身情况完成相应的课内外学习任务，提交体现学习效果的材料信息，教师根据学生学习任务的完成情况进行差异化评价和有针对性的指导。课外拓展训练是指学生在课后进行知识巩固和应用时，可能会遇到某些不能解决的问题，针对这种情况，教师可以根据以往的教学经验，将解决办法事先录制成微课，以供有需要的学生自主学习。

3. 应注意的问题

微课视频，因其独特的特点——短小精悍、主题明确、应用便捷，而受到高职院校教师的广泛青睐。在高校教育教学中，微课的重要性日益凸显，它不仅是教师教学和学生学习的重要资源，更成为改革教育教学模式、提升教学实效性的数字化基石。微课对于学生的学习进步、教师的教学实践和专业发展都具有深远的影响。鉴于微课的诸多优势，我国政府、教育机构和高校都对其建设与发展给予了高度重视，从而推动了数字化教学改革的步伐。以下是在微课的设计、制作与应用过程中，教师需要注意的几个关键问题：

（1）用户意识的重要性。在设计与开发微课时，教师需要具备强烈的用户意识。微课不仅仅是教师自我教学的工具，更有可能成为其他教师引用的资源。因此，教师在制作微课时应充分考虑到其应用的便捷性和可复用性。这意味着微课的设计需要直观、易用，并且能够方便地被其他教师整合到自己的教学中。同时，微课的内容应具有普遍性和适用性，以便更广泛地满足不同教师和学生的需求。

此外，微课的制作还应注重学生的使用体验。学生是微课的最终受益者，因此，教师在设计时应从学生的角度出发，思考如何使微课更加吸引学生、如何帮助学生更好地理解和掌握知识。

（2）避免"为技术而技术"的误区。在微课的设计与制作过程中，技术虽然重要，但并非核心。教师应明确，技术只是手段，而非目的。微课的真正价值在于其创新的教学设计和教师的教学智慧。如果过分追求技术的炫酷而忽视了教学内容和教学方法的创新，那么这样的微课很可能会引起学生的审美疲劳，甚至遭到厌弃。

因此，教师在制作微课时应首先关注教学设计的新颖性和实用性。通过巧妙的教学设计，教师可以更好地引导学生思考、激发学生的学习兴趣和积极性。同时，教师的教学智慧也应在微课中得到充分展现，以帮助学生解决学习中的困惑和问题。

（3）控制视频长度，保持内容精悍。微课之所以受到欢迎，很大程度上是因为其短小精悍的特点。因此，教师在设计和制作微课时应严格控制视频的长度。虽然微课的长度没有绝对的标准，但一般来说，5—10分钟是一个比较适宜的范围。在这个时间范围内，教师需要精炼地讲解知识点、突出重点难点，并辅以生动的案例和实用的技巧来帮助学生理解和记忆。

同时，教师还需要注意视频的开头和结尾部分。开头应简洁明了地引入主题和知识点，激发学生的学习兴趣；结尾则可以对本次微课的内容进行总结和回顾，帮助学生巩固所学知识。

（4）注重艺术性与观赏性。除了实用性和教育性之外，微课还需要具备一定的艺术性和观赏性。这不仅可以提升学生的学习兴趣和积极性，还可以使微课更加生动有趣、易于接受。

为了增加微课的艺术性和观赏性，教师可以运用多样化的教学手段和丰富的视觉元素来呈现知识点。例如，可以使用动画、表格、图片等形式来辅助讲解；在色彩搭配和版面设计上也可以更加灵活多样；同时还可以通过添加背景音乐或音效来营造轻松愉悦的学习氛围。

（三）微课应用与高职院校教师数字化教学能力

在数字化教育日益发展的今天，微课作为一种创新型的教学方式，已经在高等教育领域引起了广泛的关注和实践。微课以其独特的特点——内容精炼、时间短小、主题突出，为高职院校教师提供了一种全新的教学手段，同时也为提升教师的数字化教学能力提供了一个优质的平台。

高职院校教师数字化教学能力，涵盖了教学设计、教学实施、教学评价及教学研究等多个方面。微课的设计、开发与实施，无疑成为锻炼和提升这些能力的重要途径。

1. 微课与数字化教学设计能力

数字化教学设计能力，要求教师能够充分利用数字技术和资源，对教学环节进行精心设计和规划。微课的出现，对教师的这一能力提出了新的挑战和更高的要求。

在进行微课设计时，教师需要对教学内容进行深度的挖掘和整合，提炼出核心知识点，并通过多媒体手段将其生动地呈现出来。这一过程不仅考验了教师对教学内容的把握能力，更锻炼了其数字化教学资源的整合和运用能力。

例如，在微课的课件设计中，教师需要转变传统的教学理念，从"教师讲解为主"转变为"学生自主学习为主"。这就要求教师在课件中融入更多的媒体元素，如图片、表格、动画、视频等，以提供更加直观、生动的教学内容。这种设计理念的转变，无疑会极大地提升教师应用数字技术的水平，进而提高其数字化教学设计能力。

2. 微课与数字化教学实施能力

数字化教学实施能力，是教师在教学过程中灵活运用各种数字技术和工具，以确保教学顺利进行并达到预期目标的能力。微课的实施，为教师提供了丰富的实践机会。

微课虽然时间短，但要求教师在有限的时间内将知识点讲解得清晰透彻，这就需要教师具备优秀的语言表达能力和知识整合能力。同时，微课的灵活性也要求教师必须具备良好的应变能力，能够根据学生的反馈及时调整教学策略和方法。

在微课的实施过程中，教师可以通过数字技术对学生的学习情况进行实时监控和分析，以便及时发现问题并进行调整。这种数字化的教学方式，不仅提高了教学效率，还锻炼了教师的数字化教学实施能力。

3．微课与数字化教学评价能力

数字化教学评价能力，是教师利用数字技术对教学活动进行科学评价的能力。微课的应用，为教师提供了大量的教学数据和分析工具，有助于教师更准确地评价教学效果。

通过收集和分析学生学习微课的数据，如观看时长、互动次数、作业完成情况等，教师可以对学生的学习效果进行量化评估。同时，这些数据还可以帮助教师反思自己的教学方法和策略是否有效，从而及时调整教学计划，提高教学质量。

此外，微课平台还提供了学生反馈和评价功能，教师可以根据学生的反馈和评价来了解自己的教学情况，这也有助于提升教师的数字化教学评价能力。

4．微课与数字化教学研究能力

微课不仅有助于提升教师的教学能力，还为教师的教学研究提供了新的视角和工具。通过微课的实践和应用，教师可以积累大量的教学经验和数据，为教学研究提供有力的支撑。

例如，教师可以利用微课平台进行教学实验，探索不同的教学方法和策略对学生学习效果的影响。这种基于数据的教学研究方式，不仅提高了研究的科学性和准确性，还有助于教师发现新的教学规律和方法。

同时，微课资源平台还为教师提供了一个学习研讨的网络社区。在这个社区中，微课视频的共享不仅为教师提供了交流学习的契机，更在与同行切磋的过程中提高了教师的批判性思维能力和反思能力。这些能力的提升一方面优化了教学实效，另一方面也显著提高了教师的教学反思和研究能力。

四、应用翻转课堂教学模式

翻转课堂，这一线上线下紧密结合的教学模式，正逐渐成为信息化时代高校教学改革中的明星模式。其深厚的理论基础源自混合式学习理论，这一理论并非新兴概念，而是在教育信息化的大背景下，被赋予了新的内涵和生命力。

（一）混合式学习理论

混合式学习，从广义角度来看，其历史可谓源远流长。它指的是在教育过程中，灵活地结合两种或更多种教学方法、手段和评价方式。例如，传统的黑板教学与现代多媒体技术的融合，或者是学生自主学习与小组合作学习的交织。这种混合不仅体现在教学手段上，更体现在教学理念和学习方式的多元融合。

而当我们聚焦于狭义的混合式学习时，便会发现，它更加强调教师的主导作用与学生的主体地位相结合。这种教学模式旨在将传统课堂的优势与网络教学的便捷性完美融合，从而提升教学效果，使学生能够在多元化的学习环境中获得更全面的发展。

混合式学习理念最初诞生于美国，并在全球范围内引起了广泛关注。2003年，北京师范大学的何克抗教授在第七届全球华人计算机教育应用大会上，首次将这一理念引入国内，立刻在教育界激起了千层浪。自此，混合式学习成为高等教育领域的研究焦点。

值得一提的是，混合式学习的提出，与 E-Learning 的发展密不可分。E-Learning，即数字化学习，是通过互联网进行的学习与教学活动。它的出现，极大地改变了传统教学中师生的角色定位和互动方式。曾有一段时间，美国教育界就"有围墙的大学是否会被没有围墙的大学所取代"展开了激烈的辩论。但经过多年的网络教育实践，人们逐渐认识到，E-Learning 虽然具有诸多优势，但仍无法完全替代传统的课堂教学。这一共识为混合式学习的新定义和流行奠定了坚实基础。

混合式学习的概念，最初是由美国的企业培训机构为弥补 E-Learning 的不足而提出的。这些机构发现，单纯的在线学习虽然灵活便捷，但在某些方面仍显不足。于是，他们开始尝试将面对面的教学与在线学习相结合，从而形成了混合式教学的初步模式。这种模式很快在教育领域得到了广泛应用，并取得了显著的教学效果。

综合国内外的理论与实践，我们可以将混合教学模式定义为：在多种教育理论的指导下，为达到特定的教学目标，将面对面的课堂教学与学生在线自主学习相结合，充分发挥教师的主导作用和学生的主体作用，形成的一种双主体教学模式。在这种模式下，学生既能在课堂上获得教师的直接指导，又能通过网络平台进行自主学习和拓展，从而实现了学习方式的多元化和个性化。

大量的实践案例表明，混合式学习模式相较于单纯的在线学习或传统面对面学习，具有更高的教学效率和学习效果。美国的一份权威调查报告显示，在面对面教学、在线学习和混合式学习三种模式中，混合式学习的效果最为显著。这也是为什么越来越多的高校开始尝试并推广翻转课堂等混合式学习模式的原因。

翻转课堂作为混合式学习理论的一个成功实践，不仅丰富了教学手段，更提高了学生的学习兴趣和效果。在翻转课堂中，学生可以在课前通过观看视频、阅读资料等方式进行预习，而课堂则变成了师生互动、答疑解惑的场所。这种教学模式的转变，不仅使学生能够更加主动地参与到学习中来，还能够帮助他们更好地理解和掌握所学知识。因此，翻转课堂等混合式学习模式必将在未来的教育领域中发挥更加重要的作用。

（二）翻转课堂教学模式

翻转课堂教学模式，这一创新性的教学方法，近年来在教育领域引起了广泛的关注。它以其独特的教学理念和实践方式，对传统课堂教学进行了深刻的变革，被誉为"影响课堂教学的重大技术变革"。

1. 翻转课堂的缘起和含义

近年来，翻转课堂，或称 Flipped Classroom，已成为教育领域内的研究焦点。这一创新性的教学模式甚至被加拿大《环球邮报》赞誉为"影响课堂教学的重大技术变革"。而其起源，与两位身处美国科罗拉多州落基山的化学教师——乔纳森·伯尔曼和亚伦·萨姆斯——密不可分。

时光回溯到 2007 年，这两位敬业的教师面临了一个现实的挑战。部分学生由于健康问题或长途通勤而频繁缺课，导致他们难以跟上正常的学习进度。在这样的背景下，乔纳森和亚伦受到了可汗学院利用短视频辅助学习的启发，开始尝试制作并上传课程讲解视频。这些视频资源为那些无法到校或学习进度落后的学生提供了一个自主学习的平台，助力他们追赶学习进度。

随着时间的推移，这些教学视频不仅帮助了原本目标的学生群体，还吸引了更多其他学生下载用于课后复习。观察到这一现象的乔纳森和亚伦决定进一步调整教学策略。他们开始尝试以学生课前在家观看视频讲解为基础，将宝贵的课堂教学时间主要用于为在作业或实验中遇到困难的学生提供个性化的指导和支持。

这一变革性的教学实践彻底颠覆了传统的教学模式，从"学生在课堂上听讲，课后回家完成作业"转变为"学生课前在家通过视频学习新知识，课堂上则在教师的引导下完成作业或实验"。这种"翻转"的教学方式不仅提高了教学效率，还增强了学生的学习自主性和实践能力。

乔纳森和亚伦的这一创新尝试很快引起了学校、家长乃至社会各界的广泛关注。他们经常被邀请到各地分享翻转式教学的经验，其影响力逐渐从美国本土扩展到全球范围，掀起了一场"翻转课堂"教学模式的改革热潮。

然而，在实施翻转课堂模式的过程中，教师们也面临着一系列挑战。其中，如何搭建有效的在线教学平台以及如何获取丰富、适合的线上教学资源成为两大核心问题。对于前者，学校可以通过采购现有平台或使用开源技术来搭建；而后者，特别是如何获取足够数量且质量上乘的教学视频，则成为翻转教学能否成功实施的关键。

制作高质量的教学视频不仅技术要求高，而且需要投入大量的时间和精力。幸运的是，非营利性教学网站如可汗学院及各种慕课平台的涌现，为教师们提供丰富的教学视频资源。这些资源不仅解决了翻转课堂教学中的视频资源短缺的问题，还促进了翻转课堂与慕课平台的深度融合，如图 7-1 所示。在这一融合过程中，翻转课堂的教学模式得到了进一步的完善。原本单向的知识传授模式逐渐演变为师生互动、生生互动的"在线学习社区"。学生们在观看教学视频的同时，还能参与到社区的讨论和交流中，从而获得更为深刻的学习体验。这种沉浸式和全程参与式的学习方式有助于提升学生的深层次认知能力和思维能力，推动教学内容和教学方式的持续创新与发展。

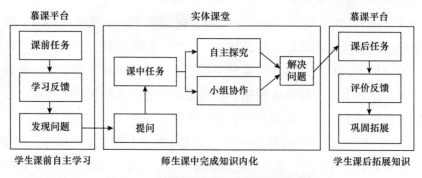

图 7-1　翻转课堂与慕课整合运用流程图

2. 翻转课堂的应用效果

"翻转课堂"这一教学模式的应用，不仅颠覆了传统的教学方式，更体现了"混合式学习"的显著优势。通过学生课前自主在线学习与教师课中面对面辅导答疑的有机结合，翻转课堂成功地将线上学习与课堂教学的长处融为一体，真正贯彻了线上线下混合式学习的先进理念。

首先，这种混合学习模式极大地强化了师生之间的互动。在传统的教学模式中，学生往往只能在课堂上被动地接受知识，而翻转课堂则为学生提供了一个更为开放、灵活的学习环境。学生可以在课前通过在线学习平台，自主观看教学视频，提前预习和掌握知识要点。而在课堂上，教师则可以根据学生的预习情况，进行有针对性的辅导和答疑，从而使学生能够更加深入地理解和掌握所学知识。

其次，翻转课堂还是促进学生个性化、差异化学习的有效手段。每个学生都有自己独特的学习方式和节奏，翻转课堂模式允许学生根据自己的实际情况，灵活调整学习进度和内容。这种个性化的学习方式，不仅有助于激发学生的学习兴趣和积极性，还能使他们在学习过程中更加自信、自主。

最后，翻转课堂的教学模式更加符合教育的认知规律。根据布鲁姆的教育目标分类理论，知识领域的学习目标可以划分为六个由低到高的难度层次，分别是识记、理解、应用、分析、评价和创造。在传统的教学模式中，识记和理解这些相对简单的环节往往被放在课堂上进行，而应用、分析、评价和创造这些更为复杂的环节则被留给学生课后自行完成。然而，这种学习次序并不符合学生的认知规律。

翻转课堂则完全打破了这一传统模式。在翻转课堂中，教师将知识传授的过程移至线上，学生通过自主学习教学视频来完成识记和理解这两个基础环节。如果遇到问题或困惑，学生可以随时通过网络与教师或其他同学进行交流和讨论，从而得到及时的帮助和反馈。而课堂时间则主要用于完成应用、分析、评价和创造这些更高层次的学习任务。在这一过程中，教师可以根据学生的实际情况和需求，提供有针对性的指导和帮助，使学生的学习更加符合由易到难的认知规律。

除了上述优势外，翻转课堂还有助于实现"教师主导—学生主体"的教育教学结构。传统的课堂教学往往以教师为中心，学生只能被动地接受知识。这种教学方式不仅抑制了学生的主动性和创造性，还导致了教学实效的低下。因为在传统的教学模式中，教师很难照顾到每个学生的需求和差异，无法实现真正的因材施教。

而翻转课堂则彻底改变了这一现状。在翻转课堂中，学生成为学习的主体，他们可以根据自己的节奏和方式进行自主学习。课前观看教学视频时，学生可以自由控制学习进度和次数；课堂上，他们可以与教师和同学进行深入的交流和讨论，共同解决问题和完成任务。这种以学生为中心的教学方式不仅激发了学生的学习兴趣和积极性，还培养了他们的自主学习能力和团队协作精神。

与此同时，教师在翻转课堂中的角色也发生了显著的变化。他们不再仅仅是知识的传授者和课堂的管理者，而是成为教学资源的开发者和学生学习的指导者、促进者和帮助者。这种新型的师生关系不仅有利于重构和谐的师生关系，还能够保持学生持续学习的积极性和主动性，进一步实现因材施教的理想教学形态。

（三）翻转课堂与高职院校教师信息化教学能力

在探讨翻转课堂与高职院校教师信息化教学能力的关联时，首先需明确，翻转课堂模式的核心要素在于精心策划的教学视频、有效的慕课平台整合及其他在线教学资源的运用。教师在这一模式中的角色，不仅是知识的传授者，更是数字化内容的策划者和资源整合者。他们需通过多种渠道，如网络搜寻、慕课平台导入、借鉴同行资源，甚至亲自操刀，对既有素材进行个性化改编或原创开发，以满足教学视频和微课资源的个性化需求。

这一过程不仅考验教师的信息技术应用能力，更要求他们具备深厚的信息化教学设计思维、执行和评估素养。毕竟，优质的资源准备及慕课平台的有效利用，都是教师信息化教学能力的直接体现。值得注意的是，构建慕课与微课资源本身即翻转课堂模式的内在环节，故而论及的慕课与微课建设对提升教师信息化教学能力的正面影响，自然也无缝衔接于翻转课堂实践之中。换言之，教师在翻转课堂实践中每一步的探索，都在同步锤炼其信息化教学能力。

第三节　数字化教学能力竞赛

在当今这个信息爆炸的时代，数字化教学能力已经成为高职院校教师不可或缺的一项技能。为了迅速提升这一能力，参加相关的数字化教学能力竞赛被证明是一个行之有效的方法。在竞赛准备期间，教师们会自我加压，积极拓宽知识面，深入挖掘与数字化教学相关的背景知识，对各项数字化教学技能进行密集而系统的训练。他们会对自己的教学展示材料和竞赛内容进行反复的雕琢和演练，直至这些知识和技能深深烙印在他们的脑海中，成为他们教学武器库中的一部分。

为了响应这一时代需求，各类面向高职院校教师的数字化教学能力竞赛如雨后春笋般涌现。值得一提的是，那些在这些竞赛中脱颖而出、斩获佳绩的教师，往往能够在各自的学科领域中获得更高的认可，甚至有机会成为该领域的领军人物。

随着 21 世纪的到来，信息技术的迅猛发展对教育领域产生了深远的影响。高职院校教师的信息化教学能力，尤其是数字化教学能力，已经成为衡量其专业素养的重要标准之一。针对这一需求，各类数字化教学能力竞赛应运而生，为教师们提供了一个实践、交流和提高的平台。

在众多竞赛中，有几个赛事值得我们特别关注，本节将着重介绍其中的三个赛事——全国高校多媒体课件大赛、全国高校微课教学比赛课竞赛和全国高等学校电子信息类专业青年教师授课竞赛。

一、高职院校教师教学竞赛概述

为了提高高职院校教师的数字化教学能力，特别是帮助青年教师更好地适应现代教育技术的发展，快速提升他们的数字化教学能力，教育部、地方教育主管部门、高等教育类的学会或协会，以及各高校等，都会定期举办各类数字化教学能力竞赛。这些竞赛主题丰富多样，有的专注于某一特定的教学技术或工具的应用，如多媒体教学、网络教学等；有的则针对某一具体学科或课程的数字化教学实践。而这些竞赛的举办范围也各不相同，有的面向全国高校，有的则仅限于某一地区或省份。

由于竞赛成绩往往被视为衡量高职院校教师数字化教学水平的一个重要指标，因此各高校对这些竞赛活动都给予了高度的重视。为了能在竞赛中取得优异的成绩，高校内部通常会提前进行多轮的选拔和培训，帮助参赛教师提高数字化教学能力，熟悉竞赛规则和流程。这样，围绕数字化教学能力竞赛，就形成了一个从国家到地方、再到学校、学院的完整竞赛体系。

通过参与这些竞赛，教师们不仅可以检验自己的数字化教学水平，还能在与其他高校优秀教师的交流和比拼中，发现自身的不足和差距，学习借鉴他人的先进经验和做法。这无疑是一种非常有效的教师能力提升方式，也值得更多的教师去尝试和参与。我国面向高校教师的主要教学竞赛，见表7-1。

表7-1　全国高校教师教学竞赛活动一览表（部分）

	竞赛名称	举办单位	拟举办时间
综合类教师教学竞赛	全国高校青年教师教学竞赛	中国教科文卫体工会全国委员会	8—月
	全国高校思想政治理论课教学展示活动	教育部社科司	月
	卓越大学联盟高校青年教师教学创新大赛	卓越大学联盟	6—10月
	工信部联盟高校"同课异构"教学创新大赛	工信部高校联盟	11月
	全国高校辅导员素质能力大赛	教育部思想政治工作司	4—6月
	全国职业院校技能大赛教学能力比赛	教育部	9—11月
	全国高校多媒体课件大赛	中国教育战略发展学会、教育部教育管理信息中心、教育信息专业化委员会	3—10月
	全国高校微课教学比赛	教育部全国高校教师网络培训中心	4—10月
	全国高校混合式教学设计创新大赛	上海交通大学	4—8月
学科教师教学竞赛	"外教社杯"全国高校外语教学大赛	教育部高等学校外国语言文学类专业教学指导委员会、教育部高等学校大学外语教学指导委员会、教育部职业院校外语类专业教学指导委员会、上海外语教育出版社	4—11月
	全国高等学校自制实验教学仪器设备评选活动	中国高等教育学会	5—10月
	全国高等学校物理基础课程（实验课）青年教师讲课比赛	教育部高等学校大学物理基础课程教学指导委员会、教育部高等学校物理学类专业教学指导委员会、中国物理学会物理教学委员会	4—8月
	全国高校教学创新大赛——全国高等院校工程应用技术教师大赛	中国高等教育学会	6—11月
	外语微课大赛	中国高等教育学会、高等教育出版社	5—11月

续表

	竞赛名称	举办单位	拟举办时间
学科教师教学竞赛	全国高校数学微课程教学设计竞赛	教育部高等学校大学数学课程教学指导委员会、教育部全国高等学校教学研究中心	3—10月
	全国高校自动化专业青年教师实验设备设计"创客大赛"	教育部高等学校自动化类专业教学指导委员会	4—8月
	全国高等学校药学类青年教师教学能力大赛	教育部高等学校药学类教学指导委员会、中国药学会药学教育专业委员会	4—8月
	全国高等学校电子信息类专业青年教师授课竞赛	教育部高等学校电子信息类专业教学指导委员会	5—8月
	全国高等学校测绘类专业青年教师讲课竞赛	教育部高等学校测绘类专业教学指导委员会	5—8月
	外研社"教学之星"大赛	教育部高等学校大学外语教学指导委员会、教育部高等学校英语专业教学分委员会、外语教学与研究出版社	5—12月
	全国高等院校英语教师教学基本功大赛	高等学校大学外语教学研究会、全国高等师范院校外语教学与研究协作组	7—9月
	全国高校经管类实验教学案例大赛	高等学校国家级实验教学示范中心联席会经管学科组、中国高等教育学会高等财经教育分会	8—12月

表 7-1 中所列只是部分针对高校教师举办的教学能力竞赛活动，举办单位各不相同，有的是不分学科专业的综合性赛事，有的是针对具体学科类别或某种教学能力的赛事。下面选择三项与数字化教学能力联系较为紧密的竞赛活动进行分析。

二、"全国高校多媒体课件大赛"

（一）比赛由来

全国高校多媒体课件大赛始于 2000 年，由工信部教育考试中心主办。随着信息技术的发展，多媒体课件已经成为现代教育中不可或缺的一部分。大赛的初衷是推动多媒体课件在教育教学中的应用，旨在提高广大教师和教育机构的教学质量。通过多年的发展，该赛事已经成为一个展示教育技术成果、促进教师交流的重要平台。

（二）比赛实施或设置

1．参赛对象与分组

（1）全国多媒体课件大赛面向全国各级各类院校教师和信息技术人员征集参赛课件。

（2）根据提交课件的适用对象，大赛将参赛课件详细分为高教文科组、高教理科组、高教医科组、高教工科组、高职组、中职组等多个组别，以更精准地评价课件的专业性和适用性。

2．评审过程与标准

（1）大赛邀请现代教育技术领域和各学科知名专家组成评审组，对参赛课件进行严谨评审。

（2）课件教学内容50%以上为作者原创，引用的图文资料须注明来源，以确保知识产权的尊重和保护。

（3）评审标准综合考虑课件的教学内容、教学设计、技术实现及艺术效果等多个方面。

3．奖励办法

（1）各组别分别设立一等奖、二等奖、三等奖及最佳创意奖、最佳教学设计奖、最佳技术实现奖、最佳艺术效果奖等专项奖，以表彰在多媒体课件制作方面做出突出贡献的教师和团队。

（2）获奖者将获得由教育部教育管理信息中心颁发的获奖证书及相应奖品，同时有机会参加现场决赛及获奖作品的交流、颁奖活动。

4．组织与提交

（1）参赛作品可由各赛区指导委员会、各院校教务处或现代教育技术中心统一报送。

（2）参赛者须在规定时间内将参赛课件提交至大赛组委会或赛区指导委员会。

（三）比赛影响

1．促进教师之间的交流与合作

全国多媒体课件大赛为广大教育工作者提供了一个展示和交流的平台。

教师们可以通过比赛分享自己的教学心得和课件制作技巧，相互学习、共同进步。

2．提高教师的专业素养和教学能力

参赛教师在准备比赛的过程中，会对自己提出更高的要求，不断打磨和完善课件内容，从而提升自身的教学设计和多媒体教学能力。

3．推动教育信息化发展

大赛鼓励教师运用现代信息技术和网络技术进行教学创新，有助于推动教育信息化的发展，以适应数字化时代对教育的新要求。

4．丰富教学内容和手段

优秀的多媒体课件能够为学生提供更加生动、直观的学习体验，激发学生的学习兴趣和主动性。通过比赛，可以挖掘和推广更多优质的教学资源，丰富教学内容和手段。

5．提升教育教学质量

多媒体课件大赛的举办，最终目的是提升教育教学质量。通过推广和应用优秀的多媒体课件，可以帮助教师更好地进行课堂教学，提高学生的学习效果。

三、"全国高校微课教学比赛课竞赛"

全国高校微课教学比赛，作为我国高等教育领域的一项重要赛事，自推出以来，极大地推动了教育技术与教学方法的创新，提升了教学质量与学习体验。以下是关于该比赛的全面介绍，涵盖其由来、实施设置，以及对教育界的影响等方面。

（一）比赛的由来

全国高校微课教学比赛起源于21世纪初，随着信息技术的飞速发展，尤其是移动互联网、云计算、大数据等技术的广泛应用，教育领域开始探索如何利用新技术手段革新传统教学模式。微课，即一种以简短精练、主题明确的教学视频为核心的教学资源形式，因其便于网络传播、灵活学习的特点，逐渐成为教育创新的重要载体。为此，教育部及相关教育机构发起并组织了全国高校微课教学比赛，旨在鼓励教师制作高质量微课，促进信息技术与课程内容的深度融合，提升教师信息化教学能力，同时激发学生自主学习的兴趣与能力。

（二）比赛的实施或设置

1．组织架构与参赛范围

比赛通常由中华人民共和国教育部、中国高等教育学会等权威机构联合主办，面向全国所有高等院校开放，涵盖各个学科领域。比赛分为初赛、复赛和决赛三个阶段，有的年份还会设立省级选拔赛，确保参与广泛且作品质量。

2．参赛要求与作品标准

参赛作品需围绕特定教学单元或知识点，时长一般限制在 5—15 分钟内，强调内容的精炼与深度，要求教学设计科学、技术运用恰当、形式新颖、易于学生理解和掌握。作品需包含视频、教学设计说明文档、教学辅助材料等，鼓励教师采用多种媒介和交互元素，提高学习的互动性和趣味性。

3．评审标准与流程

评审团由教育技术专家、学科专家及一线优秀教师组成，主要从教学内容、教学设计、技术制作、创新性与实用性等方面综合评估。初赛多由各高校自行组织或省级单位负责，优胜者进入复赛乃至决赛。最终获奖作品会在官方网站或相关平台展示，供全国教师学习借鉴。

（三）比赛的影响

1．教师专业发展

比赛极大促进了教师专业成长，教师在准备微课的过程中，不仅需要深入研究教学内容，还需掌握现代信息技术，提升课程设计与制作能力。获奖经历更是成为教师职业发展的重要里程碑。

2．教学资源建设

比赛催生了大量的优质微课资源，这些资源不仅丰富了高校的数字化教学资源库，还通过网络平台共享给社会公众，实现了优质教育资源的社会化服务，对于促进教育公平具有重要意义。

3．教育模式变革

微课比赛推动了"翻转课堂""混合式学习"等新型教学模式的普及与应用，鼓励学生课前观看微课预习，课堂上更多地进行讨论、实践和深度学习，有效提升了学习效果。

4．教育技术推广

比赛成为教育技术应用与创新的试验田，促使更多的教育技术产品和服务在实际教学中得到应用与检验，推动了教育信息化的进程。

四、"全国高等学校电子信息类专业青年教师授课竞赛"

（一）比赛的由来

全国高等学校电子信息类专业青年教师授课竞赛（以下简称"竞赛"）起源于中国高等教育的快速发展和对提升教学质量的日益增长的需求。随着电子信息技术的飞速发展和广泛应用，这一领域的教育对于培养高素质的专业人才显得尤为重要。为了激发青年教师的教学热情，提升他们的教学能力，同时推动教学方法和教学内容的创新，教育部以及相关的专业组织联合发起了这项竞赛。

（二）比赛的实施或设置

1．参赛资格与对象

竞赛面向全国高等学校电子信息类专业的青年教师，通常要求参赛者年龄不超过 45 周岁，主讲参赛课程一轮以上。

2．竞赛内容与形式

竞赛内容覆盖电子信息类专业的核心课程，包括但不限于电路分析、信号与系统、数字通信原理等。比赛形式通常包括教案设计、现场授课和教学反思三个部分，旨在全面评估参赛教师的教学设计能力、现场应变能力和教学反思能力。

3．评审标准与流程

评审标准主要包括教案的创新性和实用性、授课内容的科学性和逻辑性、授课方式的互动性和启发性、教学态度和语言表达能力等方面。评审流程通常分为初评和终评两个阶段，初评主要通过提交的教案和授课视频进行，终评则可能需要参赛者进行现场授课。

4．时间安排与地点

竞赛通常每年举办一次，具体时间和地点会根据主办方的安排而有所不同。预赛一般在各参赛高校内部进行，决赛则可能在某一高校或者专业的会议场所集中举行。

（三）比赛的影响

1. 对参赛教师的影响

参赛教师通过准备和参与竞赛，不仅能够提升自己的教学技能和专业知识，还能够与其他优秀的同行交流经验，拓宽视野。此外，获奖教师还会获得荣誉证书和奖金，这对于个人职业发展和职称评定等方面都具有积极意义。

2. 对所在高校的影响

高校通过组织和支持青年教师参加竞赛，可以提升本校的教学水平和教育质量，增强学校的知名度和影响力。同时，这也有助于营造一种积极向上的校园文化氛围，鼓励更多的教师投身于教学改革和创新。

3. 对整个专业领域的影响

这项竞赛为电子信息类专业的教学改革提供了一个新的平台和机会，促进了教学方法和教学内容的创新，提高了整个专业领域的教学质量和水平。通过这样的竞赛，可以发现和培养一批具有创新精神和实践能力的优秀青年教师，为电子信息类专业乃至整个高等教育的发展注入新的活力。

五、教学竞赛与高职院校教师数字化教学能力

（一）教学竞赛对教师数字化教学能力的推动作用

在当今数字化教育日益发展的时代背景下，教学竞赛，特别是聚焦于数字化教学技能的竞赛，对高职院校教师的数字化教学能力产生了深远的推动作用。这些竞赛不仅为教师们提供了一个展示自己教学才华的平台，更是成为他们提升数字化教学技能的重要途径。

首先，参与数字化教学竞赛，无疑需要教师们熟练掌握并运用各种数字化教学工具和平台。在准备竞赛的过程中，教师们会积极投入到对各种数字化教学技术的研究和学习中。这不仅包括多媒体教学软件、在线互动工具等基础应用，还涉及如何利用这些工具进行高效、创新的教学设计。通过这一过程，教师们的数字化技术应用能力得到了极大的提升，他们能够更加自如地运用数字

化手段来辅助教学，从而提高教学质量。

其次，教学竞赛往往要求参赛者提交包含数字化元素的教学设计方案、教学视频等丰富多样的材料。这一要求实际上是在引导教师们在日常教学中更加注重数字化教学资源的整合和利用。为了满足竞赛的要求，教师们会深入挖掘各种数字化教学资源，将其巧妙地融入自己的教学设计中。这一过程不仅锻炼了教师们的资源整合能力，还使得他们的教学内容更加生动、有趣，更能吸引学生的注意力。

再次，通过教学竞赛中的实践应用，教师们能够直观地感受到数字化教学手段在实际教学中的效果。他们会发现，数字化教学不仅能够激发学生的学习兴趣，提高课堂参与度，还能有效地提升学生的学习效果。这些实践经验会促使教师们更加积极地探索和创新数字化教学手段，不断优化和完善自己的教学方法。

最后，教学竞赛还为教师们提供了一个相互学习和交流的平台。在竞赛中，教师们可以观摩其他参赛者的优秀作品，从中汲取灵感和经验。同时，他们还可以与来自全国各地的同行进行深入的交流和探讨，共同分享数字化教学的经验和心得。这种互动和交流不仅有助于提升教师们的数字化教学能力，还能促进他们的专业成长和发展。

（二）教学竞赛中的数字化教学评价与反馈

教学竞赛，作为一个集展示、交流与竞技于一体的平台，其深远意义远超过简单的胜负评判。它更像是一面镜子，让每一位参赛的教师都能在其中看清自己的真实面貌，了解自己在数字化教学领域的位置和潜力。而竞赛中的评价与反馈机制，就是为教师们提供这样一次自我审视的宝贵机会。

在竞赛过程中，评委们会依据一系列严格且全面的评价标准，对参赛者的数字化教学能力进行细致的评估。这些标准并非随意制定，而是经过深思熟虑，旨在全方位地考查教师在数字化教学中的各项能力。例如，数字化教学设计的创新性和实用性，这两个方面就充分展现了教师对于数字化教学理念的理解和应用水平。同时，数字化教学手段的运用效果，更是直观地反映了教师在实际操作中的熟练度和教学效果。

评委们的反馈，对于参赛教师而言，是一份极为珍贵的礼物。通过这些专业、中肯的评价，教师们可以清晰地认识到自己在数字化教学中的亮点与不足。哪些环节做得出色，哪些方面还有待提高，都一目了然。这种有针对性的反馈，对于教师们的专业成长具有不可估量的价值。它不仅能够帮助教师们明确自己的提升方向，更能激发他们不断改进和完善的动力。

更为重要的是，这种评价与反馈机制并非仅仅存在于竞赛之中。它实际上是一种持续性的、循环往复的过程。教师们在接受评价、消化反馈的同时，也在不断地进行自我反思和调整。这种良性的互动和循环，无疑会推动教师们在数字化教学领域不断前行，实现自我超越。

（三）教学竞赛激发教师数字化教学创新

教学竞赛，作为一个充满挑战与机遇的平台，始终在激励着教师们在教学上进行更多的探索与创新。特别是在数字化教学领域，这种激励作用更为明显。为了在竞赛中脱颖而出，教师们纷纷展现出强烈的创新意识和探索精神，积极探索和尝试各种新的数字化教学方法和手段。

这种创新精神，首先体现在教学设计的独特性上。教师们不再满足于传统的、千篇一律的教学模式，而是力求在教学内容、教学方法、教学手段等各个方面都有所突破。他们巧妙地运用数字化技术，将原本枯燥、抽象的教学内容变得生动、形象，从而极大地提高了学生的学习兴趣和积极性。

同时，数字化技术的巧妙运用也是教师们创新实践的重要组成部分。例如，有的教师勇敢地尝试利用虚拟现实（VR）技术，为学生打造一个沉浸式的、全真模拟的学习环境。在这样的环境中，学生可以身临其境地感受知识的魅力，更加直观地理解和掌握所学内容。此外，还有的教师利用大数据和人工智能技术，对学生的学习情况进行精准分析，以实现更加个性化的教学。这种"因材施教"的教学理念，无疑也是数字化教学创新的一种重要体现。

这些创新实践，不仅极大地提升了教师们的数字化教学能力，更为高校的教学改革注入了新的活力和动力。通过教学竞赛这一平台，我们看到了教师们在教学创新上的无限可能和巨大潜力。而这种创新精神和实践能力，正是推动数字化教学不断向前发展的关键所在。

（四）教学竞赛促进教师间的数字化教学交流与合作

教学竞赛不仅是一个竞技的舞台，更是一个汇聚智慧、交流经验的平台。在这里，来自各地的教师们齐聚一堂，共同探讨数字化教学的未来趋势和实践方法。这种交流与合作的机会，对于提升教师们的数字化教学水平、促进专业成长具有不可估量的价值。

在竞赛过程中，教师们有机会观摩和学习其他参赛者的数字化教学实践案例。这些案例往往凝聚了教师们的心血和智慧，展现了他们在数字化教学领域的最新探索和成果。通过观摩和学习，教师们可以从中汲取灵感和经验，为自己的教学实践注入新的活力和创意。

同时，教学竞赛还为教师们提供了一个分享和交流的平台。在这里，他们可以畅所欲言，分享自己在数字化教学中的心得和体会。无论是成功的经验还是失败的教训，都能成为大家共同学习的宝贵财富。这种开放、包容的交流氛围，不仅有助于提升教师们的数字化教学水平，还能够促进他们之间的情感交流和专业成长。

此外，教学竞赛还常常设置团队协作环节，鼓励教师们携手合作，共同解决数字化教学中的问题和挑战。在这种合作中，教师们可以相互学习、取长补短，共同探索数字化教学的最佳实践方法。这种团队协作的经验，不仅能够提升教师们的协作能力，还能够培养他们的团队精神和创新意识。

（五）教学竞赛成果对数字化教学改革的引领作用

教学竞赛的获奖成果，往往代表了数字化教学领域的最新理念和最佳实践。这些成果不仅凝聚了教师们的智慧和努力，更经过了严格的评选和认可，因此具有很高的参考价值和指导意义。当这些成果在校内进行推广和应用时，它们能够迅速转化为实际的教学改进措施，提升整个学校的教学质量。

更为重要的是，这些竞赛成果还可以为其他高校提供有益的参考和借鉴。在数字化教学改革的大潮中，许多高校都在积极探索适合自己的发展道路。而教学竞赛的获奖成果，无疑为他们提供了宝贵的经验和启示。通过借鉴这些成果，其他高校可以更加明确自己的改革方向和目标，避免走弯路、错路。

同时，教学竞赛成果的应用和推广，还能够促进数字化教学资源的共享和优化。在这个过程中，教师们可以更加方便地获取到优质的教学资源和经验分享，从而提升自己的数字化教学能力。这种资源的共享和优化，不仅有助于提升整个教师群体的专业水平，还能够推动数字化教学的持续发展和创新。

参 考 文 献

[1] 张长海，焦建利. 地方高校大学生慕课接受度影响因素研究［J］. 中国电化教育，2015（6）：64-68，91.

[2] 苏小兵，管珏琪，钱冬明，等. 微课概念辨析及其教学应用研究［J］. 中国电化教育，2014（7）：94-99.

[3] 焦建利. 微课与翻转课堂中的学习活动设计［J］. 中国教育信息化，2014（24）：4-6.

[4] 焦建利，陈彩伟. 高校整合慕课的教学模式与实施路径分析［J］. 浙江师范大学学报（社会科学版），2019（4）：9-15.

[5] 田晓艳. 信息化环境下高职院校教师信息化教学探索［M］. 北京：北京工业大学出版社，2021.

[6] 唐丽. 信息化教学创新素养研究：以高职院校教师为例［M］. 北京：社会科学文献出版社，2023.

[7] 张青. 数字经济时代职业教育转型路径研究［M］. 北京：经济科学出版社，2022.

[8] 葛文双. 高校教师信息化教学能力的结构框架与培训应用研究［M］. 广州：广东高等教育出版社，2021.

[9] 朱杉，白冰等. 高职教育与信息化教学实践研究［M］. 北京：中国商业出版社，2022.

[10] 李玉萍. 高校教师信息化教学能力发展研究［M］. 北京：中国科学技术大学出版社，2021.

[11] 林榕. 大数据背景下高校教育管理信息化发展与创新研究［M］. 长春：吉林大学出版社，2019.

[12] 谭义东. "互联网+"的高校教育信息化：慕课，微课与翻转课堂［M］. 北京：九州出版社，2020.

[13] 胡凌霞. 高校教育管理理念与思维创新［M］. 长春：吉林大学出版社，2020.

[14] 李海波. 高校创业教育的国际比较［M］. 杭州：浙江工商大学出版社，2020.

[15] 孙丽娜. "以人为本"高校体育教育研究［M］. 天津：天津科学技术

出版社，2020.

[16] 施永川. 美国高校创业教育教学模式研究［M］. 上海：上海交通大学出版社，2020.

[17] 李括. 地方高校创新创业教育研究［M］. 济南：山东人民出版社，2020.

[18] 别敦荣. 高等教育管理探微［M］. 厦门：厦门大学出版社，2021.

[19] 邓磊. 高等教育历史转型的中外比较研究［M］. 重庆：重庆大学出版社，2021.

[20] 陈武元. 中国高等教育发展路径的探索［M］. 厦门：厦门大学出版社，2021.

[21] 孙小龙. 大学生心理健康教育［M］. 北京：机械工业出版社，2021.

[22] 何玉海. 高校教育评估标准品质、属性、体系及其建设［M］. 上海：上海三联书店，2019.

[23] 冯艳花. 教育数字化背景下提升高职教师数字素养困境及路径研究［J］. 教师，2023（16）：90-92.

[24] 谭燕. 新版职业教育专业目录背景下高职教师数字化转型研究［J］. 湖南邮电职业技术学院学报，2022，21（4）：78-81.

[25] 肖朝霞，付安玲. 国家治理现代化视域下青年数字素养的培育［J］. 山东青年政治学院学报，2022，38（3）：33-38.

[26] 黄小倩，沈小强. 教育数字化转型背景下乡村教师专业发展策略研究［J］. 贵州师范学院学报，2022，38（9）：70-76.

[27] 舒杭，顾小清. 教育数字化转型的现实基础与行动框架［J］. 现代教育技术，2022，32（11）：24-33.

[28] 但武刚，李玉婷，王海福. 高校教师数字素养框架构建与展望［J］. 教育与教学研究，2022，36（9）：41-53.

[29] 王永钊，程扬，李丽军. 数智时代职业院校教师数字素养的丰富内涵、现实困境与实践进路［J］. 教育与职业，2023（9）：87-90.

[30] 刘仁有. 转型与重塑：数字化赋能职业教育新生态——世界数字教育大会"职业教育数字化转型发展"论坛综述［J］. 中国职业技术教育，2023（7）：12-17.